돈오입도요문 강설

## 원순 스님

해인사 백련암에서 출가
해인사 통도사 송광사 봉암사 백장암 성전암 등 제방 선원에서 정진
『선요』『한글원각경』『몽산법어』『육조단경』 등 다수의 불서를 펴냄
현재 송광사 인월암에서 안거 중

## 돈오입도요문 강설
#### 단숨에 깨달아 행복한 삶으로

초판 발행 | 2022년 7월 29일
펴낸이 | 열린마음
저자 | 원순
편집 | 유진영
디자인 | 안현
교정 | 홍은영, 구미정, 김진우

펴낸곳 | 도서출판 법공양
등록 | 1999년 2월 2일·제1-a2441
주소 | 03150 서울시 종로구 수송동
          두산위브파빌리온 836호
전화 | 02-734-9428
팩스 | 02-6008-7024
이메일 | dharmabooks@chol.com

부처님의 가르침을 올바르게 _ 도서출판 법공양

頓悟入道要門講說

# 돈오입도요문 강설

단숨에 깨달아 행복한 삶으로

원순 지음

도서
출판
법공양

# 성철 큰스님

# 발 원 문

願我堅凝鐵石心　바라노니 철석같이 다져놓은 저의 신심
世世恒修無漏禪　변함없이 세세생생 최상승선 닦을 진저.
大智大德大勇猛　큰 지혜와 큰 덕행과 용맹스런 마음으로
萬重障惑頓蕩盡　겹겹으로 쌓인 의혹 한순간에 제거하리.
擡脚不踏女身影　여인네의 그림자를 한 걸음도 밟지 않고
下口那咬衆生肉　중생들의 살점에는 입도 대지 않으리라.
淸淨信施避似箭　신도들의 시주물도 화살같이 피해 가고
豪貴榮譽視如仇　부귀영화 명예들을 원수같이 바라보며
一擧直衝金鎖關　한달음에 걷어차고 철 관문을 무너트려
騰踊毘盧頂上行　쏜살같이 뛰어올라 비로정상 올라서리.
淨嚴菩提大道場　깨끗하게 잘 꾸며진 깨달음의 참 수행터
盡未來劫常自在　오는 세상 다하도록 늘 언제나 자유로세.
塵沙法界無邊刹　티끌처럼 많은 법계 그 중생들 끝없어도
千類萬形示應現　중생들의 근기 따라 내 모습을 나타내리.

6

高提金剛寶王劍　금강 지혜 보배 칼을 하늘 높이 치켜들고

廓開向上秘妙藏　오묘한 법 들어 있는 비밀 곳간 활짝 열어

一切含靈度無餘　고통 속의 모든 중생 빠짐없이 제도하니

永使法海得淸晏　영원토록 법의 바다 맑고 편안할 지어다.

虛空雖然有可壞　변함없을 저 허공이 무너진다 하더라도

我願終當不動移　제가 세운 이 맹세는 흔들리지 않으리니

十方三世無上尊　과거 현재 미래 속에 시방세계 부처님들

特垂慈哀密加護　자비로운 가피로써 이 마음을 보호하사

消滅一切諸障碍　마구니의 모든 장애 남김없이 소멸시켜

疾速圓滿是大願　어서 빨리 이 큰 원력 오롯하게 이룰 진저.

少林門孫 性徹 和南謹啓

소림 문손 성철이 원력을 담아

삼가 부처님 전에 올립니다.

# 출 가 송

彌天大業紅爐雪　　하늘만큼 큰 업적도 용광로에 눈 한 송이
跨海雄基赫日露　　천하통일 영웅들도 태양 아래 이슬이라
誰人甘死片時夢　　잠깐 살다 죽을 인생 어느 누가 좋아할까
超然獨步萬古眞　　모든 인연 벗어나니 영원토록 광명이네.

# 오도송

黃河西流崑崙頂　황하 물이 역류하여 곤륜산에 솟구치니
日月無光大地沈　해와 달이 빛을 잃어 온 대지가 암흑이라
遽然一笑回首立　빙긋 웃는 웃음 속에 고개 돌려 바라보니
淸山依舊白雲中　변함없이 푸른 산이 흰 구름 속 우뚝하네.

# 열 반 송

生平欺誑男女群　한평생을 살아오며 모든 사람 속이더니

彌天罪業過須彌　너무나도 많은 죄가 저 하늘에 가득하여

活陷阿鼻恨萬端　무간 지옥 떨어지니 만 갈래로 찢긴 가슴

一輪吐紅掛碧山　떠오르는 붉은 태양 푸른 산에 걸렸도다.

# 단숨에 깨달아 행복한 삶으로

저자 서문

『돈오입도요문론』은 '단숨에 깨달아[頓悟] 부처님의 세상인 행복한 삶으로 들어가는[入道] 요긴한 방편[要門]을 제시해 주는 글[論]'이란 뜻이며, 보통 줄여서 '돈오입도요문'이라 말합니다. 이 책은 부처님의 세상을 드러내는 깨달음으로 들어가기 위하여 꼭 알아야 할 내용을 50여 개의 주제로 정리하여 문답식으로 설명하고 있습니다. 그 논지가 간단명료하면서 강렬하게 선가의 가르침을 전하고 있어 참으로 요긴한 선禪 수행의 지침서입니다.

이 책의 저자는 마조馬祖(709-788) 스님의 제자 대주혜해大株慧海 스님입니다. 강서로 찾아가 불법을 구하는 대주 스님에게 마조 스님은 이렇게 묻습니다.

"자기 집의 보배 창고는 돌아보지 않고 집을 떠나 사방으로 돌아다니면서 무엇을 구하려고 하는가? 나에게는 아무것도 없는데 어떤 법을 구하려고 하는가?"

"어떤 것이 저의 보배 창고입니까?"

"지금 나에게 묻고 있는 그대 자체가 보배 창고이다. 그대에게 모든 것이 다 갖추어져 조금도 모자랄 게 없어 쓰임새가 자유자재한데 어찌 그것을 놔두고 밖에서 구하려 하는가?"

이 한마디 가르침에 깨달은 바가 있어 대주 스님은 마조 스님을 6년간 모시고 살았습니다. 그 후 월주 대운사로 돌아온 스님은 세상에서 자취를 감추고 살며 『돈오입도요문론』을 저술하였습니다. 이 책은 스님이 몸소 직접 기록한 글로서 뒷날 가필이나 삭제한 글이 없으므로, 『육조단경』 『전심법요』 『벽암록』 『임제록』 등 문도들이나 다른 사람들이 기록해 놓은 어떤 어록보다 완전한 저술로 여겨 선가에서 가치가 높다고 보고 있습니다. 또한 이 글을 마조 스님이 생전에 보고 극찬하며 인가하신 만큼 『육조단경』 『신심명』 『증도가』와 함께 귀중한 자료로서 선종사의 중요한 위치를 차지하고 있습니다.

대주 스님은 이 책에서 오직 '돈오頓悟' 이 길만이 해탈할 수 있다고 말씀하십니다. '돈頓'이란 단숨에 헛된 망념을 없애는 것이요, '오悟'란 헛된 망념이 사라진 부처님 마음자리로 '더 얻을 게 없음을 깨닫는 것'입니다. 여기서 대주 스님이 말씀하시는 '돈오'는 우리가 흔히 말하는 '돈오돈수頓悟頓修'의 '돈오'에 해당합니다. 대주 스님의 가르침을 듣고 '어떤 곳에서도 집착하는 마음'이 없어져 이 자리에서 확실하게 알고 모든 공부를 끝낸다면 이런 사람을 우리는 '돈오돈수頓悟頓修'를 했다고 합니다.

반면 이 가르침으로 부처님의 세상을 믿고 알았지만, 머리로만 알았을 뿐 몸과 마음으로 그 세상을 직접 체험해 보지 못했다면 수행을 통하여 부처님의 세상을 깨쳐나가야만 합니다. 이를 부처님의 세상에 대한 이치를 깨닫고 점차 닦아간다고 하여 '돈오점수頓悟漸修'라고 합니다.

같은 '돈오'이지만 '돈오돈수'와 '돈오점수'에 말하는 '돈오'는 그 뜻이 확연히 다릅니다. '돈오돈수'에서 '돈오'는 부처님의 세상을 믿고 알아[頓悟] 그 자리에서 바로 깨달아[頓修] 더 이상 공부해야 할 것이 없습니다. 그러나 '돈오점수'라 할 때의 '돈오'는 선지식의 도움으로 부처님의 세상을 믿고 안 듯하지만[解悟] 확실한 자기 체험이 없기에 수행을 통하여 깨쳐나가는 과정이[漸修] 필요합니다. 그래서 이를 '돈오돈수'의 '돈오'와 구분하여 '해오解悟'라고 부르기도 합니다.

『돈오입도요문론』이란 제목에서도 알 수 있듯 돈오란 이번 생을 벗어나지 않고 해탈하는 것입니다. 어린 사자가 태어날 때부터 사자인 것처럼, 대나무밭에서 죽순이 날 때 봄을 넘기지 않고 대나무가 되는 것처럼, 돈오를 닦는 사람도 이와 같아 돈오를 닦을 때 곧 부처님 자리로 들어갈 것입니다.

그리고 말보다 실천으로 몸소 많은 가르침을 심어 주셨던 은사 스님의 '출가송' '오도송' '열반송' '발원문'도 함께 실어 보았습니다. 은사 스님께서는 이 세상에 계실 때 평소 이 책을 『육조단경』만큼이나 중요시하셨기에 이 책의 내용을 알면 큰스님의 게송도 쉽게 이해할 수 있을 것입니다.

숨 가쁘게 돌아가는 세상에서 한 생각 쉬고 '단숨에 깨달아 도에 들어가는 요긴한 길'을 읽는 인연으로, 오는 세상 뭇 삶들이 다 함께 부처님이 될 수 있기를 바랍니다.

> 천릿길도 가는 방향 옳게 잡아야
> 출발하는 첫걸음이 가벼워지고
> 한 발 한 발 쉬지 않고 내딛는 걸음
> 언젠가는 목적지에 도달하리라.

2022년 5월
조계산 모퉁이 인월암
인월 행자 원순 두 손 모음

# 차례

돈오입도요문 강설

# 헌사獻辭

稽首和南
계 수 화 남

十方諸佛 諸大菩薩衆
시 방 제 불  제 대 보 살 중


弟子 今作此論
제 자  금 작 차 론

恐不會聖心 願賜懺悔
공 불 회 성 심  원 사 참 회


若會聖理
약 회 성 리

盡將廻施一切有情
진 장 회 시 일 체 유 정

願於來世 盡得成佛
원 어 내 세  진 득 성 불

# 불보살님께 바치는 글

시방세계 모든 부처님과 보살님께
머리 숙여 예배드리옵니다.

부처님의 제자로서
제가 지금 이 글을 올리고 있사오나
부처님의 마음을 알지 못하고 쓴 글이라면
부디 그 허물을 참회하게 해 주시옵소서.

반면에
이 글이 부처님의 성스러운 이치에 맞는다면
이 공덕을 모두 뭇 삶들에게 회향하오니
이 인연으로 오는 세상 모든 중생이
다 함께 부처님이 되기를 바라옵니다.

# 1장. 돈오 이 길만이 해탈

頓悟

'불보살님께 바치는 글'을 정성껏 올린 뒤에 대주 스님은 1장부터 『돈오입도요문』이야기를 시작합니다. 그 논지는 온갖 중생의 시비와 갈등을 벗어나 행복한 부처님의 세상으로 가기 위해서는 '오직 돈오, 이 길로만 가야 한다는 것'입니다. 처음부터 끝까지 다양한 용어와 개념으로 '부처님 마음자리'인 돈오의 길을 설명하고 있는 것이 이 어록의 특징입니다.

🌱 근본인 마음을 닦아야

問 欲修何法 即得解脫.　答 唯有頓悟一門 即得解脫.
　욕 수 하 법　즉 득 해 탈　　　유 유 돈 오 일 문　즉 득 해 탈
問 云何爲頓悟.　答 頓者 頓除妄念 悟者 悟無所得.
　운 하 위 돈 오　　　돈 자 돈 제 망 념　오 자 오 무 소 득

**문**: 무슨 법을 닦아야 해탈할 수 있습니까?

**답**: 오직 돈오, 이 길만이 해탈할 수 있다.

**문**: 무엇이 돈오입니까?

**답**: 단숨에 헛된 생각을 없애고[頓], 헛된 생각이 없는 그 마음자리

에서 '얻을 게 없음을 깨닫는 것[悟]'이다.

間　從何而修.
　　종 하 이 수

答　從根本修.
　　종 근 본 수

間　云何從根本修.
　　운 하 종 근 본 수

答　心爲根本.
　　심 위 근 본

문: 무엇부터 닦아야 합니까?

답: 근본부터 닦아야 한다.

문: 근본부터 닦는다는 것은 무엇을 말합니까?

답: 마음이 근본이 되므로 마음 닦는 것을 말한다.

이 단락의 핵심은 '돈제망념頓除妄念 오무소득悟無所得'입니다. 망념이란 중생의 헛된 생각이며 온갖 시비 분별입니다. 단숨에[頓] 헛된 생각을 없앤다면[除妄念] 무명도 사라져 무명에서 생겨난 '나'라고 집착하던 존재도 사라집니다. '나'가 사라지면 내가 집착하던 대상 경계도 사라져, 아무것도 없는 텅 빈[無所得] 부처님의 마음자리만 남아 있는 것을 깨닫습니다[悟]. 이곳이 부처님 세상인데, 여기로 가기 위해서는 그 근본인 마음을 닦아야 합니다. 이런 내용을 다음 구절에서 여러 경전을 인용하여 밝히고 있습니다.

## ❦ 마음이 멸하면 온갖 법이 멸한다

問 云何知心爲根本.
운 하 지 심 위 근 본

答 楞伽經 云 心生卽種種法生 心滅卽種種法滅.
능 가 경 운 심 생 즉 종 종 법 생 심 멸 즉 종 종 법 멸

維摩經 云 欲得淨土 當淨其心. 隨其心淨 卽佛土淨.
유 마 경 운 욕 득 정 토 당 정 기 심 수 기 심 정 즉 불 토 정

遺敎經 云 但制心一處 無事不辨.
유 교 경 운 단 제 심 일 처 무 사 불 변

經 云 聖人 求心 不求佛 愚人 求佛 不求心.
경 운 성 인 구 심 불 구 불 우 인 구 불 불 구 심

智人 調心 不調身 愚人 調身 不調心.
지 인 조 심 부 조 신 우 인 조 신 부 조 심

佛名經 云 罪從心生 還從心滅.
불 명 경 운 죄 종 심 생 환 종 심 멸

문: 마음이 근본인 줄 어떻게 압니까?

답:『능가경』에서 "마음이 생기면 온갖 법이 생기고 마음이 멸하면 온갖 법이 멸한다."라고 하였다.『유마경』에서는 "극락정토로 가려면 마음을 깨끗이 해야 한다. 마음이 깨끗해야 극락정토가 청정해지기 때문이다."라고 하였다.

『유교경』에서는 "마음을 한곳에 챙겨 어떤 망념도 일으키지 않는다면 모든 게 명백하다."라고 하였다. 어떤 경에서는 "성인은 자신의 참마음을 찾지, 바깥의 부처님을 찾지 않고, 어리석은 사람은

바깥의 부처님만 찾고, 자신의 참마음을 찾지 않는다. 지혜로운 사람은 마음을 다스리지, 몸을 다스리지 않고, 어리석은 사람은 몸만 다스리고, 마음을 다스리지 않는다."라고 하였다. 『불명경』에서는 "죄는 마음에서 생겨나고 마음에서 사라진다."라고 하였다.

온갖 법을 집착하는 마음이 중생의 마음이요, 이 집착이 사라진 깨끗한 마음은 극락정토입니다. 부처님의 지혜는 맑고 깨끗한 마음에서 대상 경계에 집착하지 않고 주어진 인연대로 드러난 것을 알 뿐입니다. 대상 경계에 집착하는 분별이 없으면 생겨나는 법도 없을 것이므로 이 도리를 알고 마음을 닦아나가는 것이 수행의 근간이 됩니다. 그러므로 지혜로운 사람은 자신의 마음에서 부처님을 찾지, 다른 곳에서 찾지를 않습니다.


♥ 마음이 수행의 근본

故知 善惡一切 皆由自心. 所以 心爲根本也.
고지 선악일체 개유자심  소이 심위근본야

若求解脫者 先須識根本
약구 해탈자 선수식 근본

若不達此理 虛費功勞 於外相 求 無有是處.
약부 달차리 허비공로 어외상 구 무유시처

禪門經 云 於外相 求 雖經劫數 終不能成
선문경 운 어외상 구 수경겁수 종불능성

於內覺觀 如一念頃 卽證菩提.
어 내 각 관 여 일 념 경 즉 증 보 리

그러므로 좋고 나쁨이 모두 자기 마음에서 비롯된 것인 줄 알아야한다. 이 때문에 마음이 수행의 근본이 된다. 해탈하려면 모름지기먼저 수행의 근본을 알아야 하니, 이 도리를 모른다면 헛된 수행이된다. 바깥 모습에서 부처님을 찾는다면 이는 옳지 않기 때문이다.

그러므로 『선문경』에서 "바깥 모습에서 해탈을 구한다면 영원토록 이룰 수 없지만, 자신의 마음에서 깨치면 한순간에 깨달음을 증득하여 해탈하는 것과 같다."라고 하였다.

집착 없는 마음이 부처님인 줄 알고 이 마음을 닦는 것이 바른 믿음이지, 이 마음을 떠나 다른 곳에서 부처님을 찾는 공부는 다 헛된수행이요 삿된 믿음이 됩니다. 팔만대장경을 거침없이 외우고 설할 수 있다 하더라도, 근본 마음을 모르면 깨달음의 길로 들어서지못합니다. 그러므로 불자는 부처님의 마음을 알고 닦아야 합니다.

천릿길도 가는 방향 옳게 잡아야
출발하는 첫걸음이 가벼워지고
한 발 한 발 쉬지 않고 내딛는 걸음
언젠가는 목적지에 도달하리라.

# 2장. 부처님 마음자리

禪定

돈오한 사람은 헛된 중생의 생각이 모두 사라지고 부처님 마음자리만 남습니다. 이 마음자리를 우리는 '선정禪定'이라고 부릅니다. 이 선정 속에 들어가 어떤 경계에도 흔들리지 않는 것이 해탈이요, 부처님이라는 것을 2장에서 밝히고 있습니다.

## ☙ 선정으로 근본을 닦아야

問 夫修根本 以何法修.
　　부 수 근 본　이 하 법 수

答 惟坐禪禪定 卽得. 禪門經 云 求佛聖智 卽要禪定
　　유 좌 선 선 정　즉 득　　선 문 경　운　구 불 성 지　즉 요 선 정

　　若無禪定 念想 喧動 壞其善根.
　　약 무 선 정　염 상　훤 동　괴 기 선 근

**문:** 근본을 닦을 때 무슨 법으로 닦아야 합니까?
**답:** 오직 앉아 선정에만 들면 근본을 닦을 수 있다. 『선문경』에서는 "성스러운 부처님의 지혜를 구하려면 선정에 들어야 한다. 선정이 없다면 어지럽고 시끄러운 마음이 일어나 '선한 마음을 자라게 하는 뿌리[善根]'를 썩게 한다."라고 하였다.

돈오란 중생의 어지럽고 시끄러운 헛된 생각이 단숨에 사라져 바로 부처님의 마음자리가 드러나는 것입니다. 이 부처님의 마음자리가 곧 선정입니다. 이 도리를 알면 공부가 끝나지만 그 이치를 깨닫지 못한 사람들은 선정으로 들어가기 위해 마음 닦는 공부를 해야 합니다.

그 방편으로 쓰는 방법이 좌선입니다. 좌선이라 말하면 보통은 조용한 곳에서 일정한 자세로 고요히 앉아 공부하는 것을 생각하는데, 진짜 좌선이란 움직이지 않는 부처님의 마음자리로 들어가, 자기의 생각을 멈추고 집착 없이 사물을 있는 그대로 보는 것입니다. 자기 생각으로 판단하지 않고 사물을 있는 그대로 보는 것, 이것이 참된 좌선입니다. 좌선은 부처님의 마음자리에 앉아서 흘러나온 것으로 이 마음자리는 선한 마음을 자라게 하는 뿌리입니다. 그러므로 선한 마음이란 곧 부처님의 지혜입니다.

## ❦ 헛된 생각이 일어나지 않는 것이 선

問 云何爲禪 云何爲定.
　　운 하 위 선  운 하 위 정

答 妄念不生 爲禪 坐見本性 爲定.
　　망 념 불 생  위 선  좌 견 본 성  위 정

本性者 是汝無生心 定者 對境無心 八風不能動.
본 성 자  시 여 무 생 심  정 자  대 경 무 심  팔 풍 불 능 동

**문**: 무엇이 선禪이고 무엇이 정定입니까?

**답**: 헛된 생각이 일어나지 않는 것이 선禪이요, 앉아서 자신의 본디 성품을 보는 것이 정定이다. 본디 성품이란 그대의 생멸이 없는 마음이요, 정定이란 어떤 경계에도 생멸하는 마음이 없어 팔풍八風이 흔들 수 없는 것을 말한다.


'본디 성품'이란 어지럽고 시끄러운 중생의 마음이 사라진 부처님의 성품을 말합니다. 이 성품 자체는 텅 비어 있으므로 시비하고 분별하는 '나'가 존재할 수 없습니다. 번뇌 덩어리인 '나' 자체가 존재하지 않으므로 비방을 해도 맞설 '나'가 없고 칭찬을 해도 반응할 '나'가 없습니다. 그러므로 상대방이 하는 소리가 좋든 나쁘든 지나가는 바람처럼 알아차릴 뿐 그 경계에 흔들리는 마음이 조금도 없어 갈등을 일으킬 이유가 없습니다. 이것을 흔들림이 없는 마음, 생멸이 없는 마음 '선정'이라 하니 부동불不動佛이 앉아 계시는 곳입니다.

♥ 아름다운 삶을 사는 중생이 부처님이라

八風者 利衰毁譽稱譏苦樂 是名八風.
팔풍자 이쇠훼예칭기고락 시명팔풍

若得如是定者 雖是凡夫 卽入佛位 何以故.
약득여시정자 수시범부 즉입불위 하이고

普薩戒經 云 衆生 受佛戒 卽入 諸佛位
보살계경 운 중생 수불계 즉입 제불위

得如是者 卽名解脫 亦名達彼岸.
득 여 시 자  즉 명 해 탈  역 명 달 피 안

超六道 越三界 大力菩薩 無量力尊 是大丈夫.
초 육 도  월 삼 계  대 력 보 살  무 량 력 존  시 대 장 부


팔풍이란 무엇인가. 바람처럼 사람의 마음을 흔드는, 자기한테 주
어지는 이익과 손해, 내 뒤에서 하는 험담과 칭찬, 내 눈앞에서 하는
비방과 칭찬, 괴로움과 즐거움 이 여덟 가지를 말한다. 팔풍에 흔들
리지 않는 이런 정定을 얻은 사람이라면 범부라도 부처님의 자리로
들어가니 무엇 때문인가?

『보살계경』에서 "중생이 부처님의 아름다운 삶을 살면 곧 부처님
의 마음자리로 들어간다."라고 말하였기 때문이다. 이를 해탈이라
하고 피안에 이르렀다고 한다. 이런 분이 삼계三界 육도六道를 초
월한 부처님의 힘을 가진 보살이며, 헤아릴 수 없이 많은 힘을 지닌
존귀한 분이시니 바로 대장부이시다.


세간 사람들의 좋아하는 마음과 싫어하는 마음이 나의 마음을 움
직이게 하므로, 그 마음을 움직이게 하는 경계들을 부는 바람에
비유하여 말한 것이 팔풍八風입니다.


이 경계에 흔들리지 않는 사람은 '헛된 자기 생각'이 없는 사람이니
부처님과 다를 것이 없습니다. 경계에 흔들리는 마음의 속박에서
벗어나니 해탈이라 하고, 해탈하여 부처님의 세상에서 사니 피안

에 도달한 것입니다. 이러한 사람은 삼계 육도의 중생계를 벗어난 보살이며 헤아릴 수 없이 많은 힘을 지닌 존귀한 분으로서 대장부입니다.

# 3장. 머물 곳이 없는 마음

無住處無住心

부처님 마음자리 선정에 들어가 해탈한 대장부는 어디에도 걸림이 없는 부처님입니다. 그러므로 그 마음 씀이 어디에도 집착하여 머물 곳이 없습니다. 3장에서는 그 어디에도 집착하여 머물 곳이 없는 마음이 깨달음이라는 것을 다시 한번 밝히고 있습니다.

♡ 바르게 머무는 마음

問　心住何處卽住.　　答　住無住處卽住.
　　심 주 하 처 즉 주　　　주 무 주 처 즉 주
問　云何是無住處.　　答　不住一切處 卽是住無住處.
　　운 하 시 무 주 처　　　부 주 일 체 처 즉 시 주 무 주 처

문: 마음이 어느 곳에 머물러야 '바르게 머무는 마음'입니까?
답: '머물 곳이 없는 마음'에 머무는 것이 곧 '바르게 머무는 마음'이다.

문: 어떤 것이 '머물 곳이 없는 마음'입니까?
답: '어떤 곳에도 머물지 않는 마음'이 곧 '머물 곳이 없는 마음에 머무는 부처님 마음'이다.

돈오하여 부처님의 마음을 깨닫고 난 뒤 그 마음자리에 머무는 것이 선정인데, 이 부처님 마음자리는 온갖 경계에 대한 망념과 집착을 떠난 자리입니다. 인연이 생겨 만들어진 온갖 경계는 낱낱이 분석하면 어떤 실체도 없으므로 어디에도 집착하지 말라는 것입니다. 이 '어떤 곳에도 머물지 않는 마음'이 부처님 마음이 머무는 곳이기 때문입니다.

## ♥ 어떤 곳에도 머물지 않는 곳

問 云何是不住一切處.
　　운 하 시 부 주 일 체 처

答 不住一切處者 不住善惡有無內外中間 不住空 亦不
　　부 주 일 체 처 자 부 주 선 악 유 무 내 외 중 간 부 주 공 역 부

住不空 不住定 亦不住不定 卽是不住一切處.
주 불 공 부 주 정 역 부 주 부 정 즉 시 부 주 일 체 처

只箇不住一切處 卽是住處也.
지 개 부 주 일 체 처 즉 시 주 처 야

得如是者 卽名無住心也 無住心者 是佛心.
득 여 시 자 즉 명 무 주 심 야 무 주 심 자 시 불 심

문: 어떤 것이 '어떤 곳에도 머물지 않는 마음'입니까?

답: '어떤 곳에도 머물지 않는 마음'이란 선과 악, 유有와 무無, 안과 밖이나 그 중간에도 머물러 집착하지 않고, 공空과 불공不空, 선정과 선정 아닌 것에도 머물러 집착하지 않는 것이 곧 '어떤 곳에

34

도 머무르지 않는 마음'이다. 이 '어떤 곳에도 머물지 않는 마음'이 곧 '바르게 마음이 머무는 곳'일 뿐이다. 이런 것을 '머무름이 없는 마음[無住心]'이라 하니, '머무름이 없는 마음'이 곧 '부처님의 마음'이다.

세상의 모든 것은 인연법으로서 실체 없는 허깨비와 같으니 집착할 게 아닙니다. 모든 경계를 차단하고 부정하는 이런 논법은 조사 스님의 법문에 자주 인용되고 경이나 어록에도 많이 쓰이는 '쌍차 쌍조'의 '쌍차'에 해당됩니다.

쌍차에서 '쌍雙'은 선과 악, 유有와 무無, 안과 밖, 공空과 불공不空, 정定과 부정不定 등과 같이 둘로 나누어 집착하는 양쪽 모든 것을 말하고, '차遮'는 시비 분별하는 모든 경계를 차단하고 막는다는 부정의 뜻인데, 결국 허깨비에 집착하는 것은 애당초 잘못된 일이라고 모두 부정하는 것을 말합니다. 온갖 집착이 다 부정되어 비로소 드러나는 마음이 '집착하여 머물 것이 없는 마음'이요, 부처님 마음입니다.

## ♥ 본디 마음의 모습

問 其心似何物.
기 심 사 하 물

答 其心 不靑不黃 不赤不白 不長不短 不去不來 非垢非淨
기 심 불 청 불 황 부 적 불 백 부 장 부 단 불 거 불 래 비 구 비 정

不生不滅 湛然常寂 此是本心形相也 亦是本身.
불 생 불 멸 담 연 상 적 차 시 본 심 형 상 야 역 시 본 신

本身者 卽佛身也.
본 신 자 즉 불 신 야


문: 그 마음은 무엇을 닮았습니까?

답: 마음은 푸른 것도 누른 것도 아니요, 붉은 것도 흰 것도 아니며,
긴 것도 짧은 것도 아니요, 가는 것도 오는 것도 아니며, 더러운 것
도 깨끗한 것도 아니요, 생기는 것도 멸하는 것도 아니다. 그러면
서 언제나 맑고 깨끗하여 고요하다. 이것이 본디 마음의 모습이다.
이를 또한 우리 본래의 몸이라 한다. 본래 몸이란 곧 부처님의 몸을
말한다.


'쌍차'로 온갖 법이 다 부정된 자리에서 드러나는 마음이 부처님
마음입니다. 이 마음은 오로지 텅 빈 마음일 뿐, 붉은 것이나 흰 것
등 어떤 모습으로도 그려낼 수 없고, 어떤 이름도 갖다 댈 수 없지만,
언제나 늘 맑고 깨끗한 고요한 마음이니 우리의 본디 마음입니다.

'쌍차쌍조'에서 '쌍조雙照'는 모든 경계를 다 부정한 '쌍차'로 나타
난 맑고 깨끗한 마음에서, 저절로 세상의 모든 것을 빠짐없이[雙]
낱낱이 알 수 있게 환히 비추는[照] 광명이 나오는 것을 말하니, 이
것이 부처님의 지혜입니다. 부처님의 지혜로 몸을 삼는 것, 이것이
우리의 '본디 몸'이요, 이것을 법으로 삼는 몸이 '법신法身'이며 '부
처님 몸'입니다.

# 4장. 자신의 성품에서 본다

自性見

그 어디에도 집착하여 머물 곳이 없는 마음이 부처님 마음인데, 이 마음은 집착하는 것이 없으므로 어떤 경계에도 오염되지 않습니다. 오염되지 않는 이 마음이 본디 맑고 깨끗한 자신의 성품입니다. 4장에서는 맑고 깨끗한 자신의 성품에서 이 세상을 보아야 한다는 것을 밝히고 있습니다.

## ❤ 몸과 마음은 무엇으로 보는가

問 身心 以何爲見. 是眼見 耳見 鼻見 及身心等見.
　　신심 이하위견　시안견 이견 비견 급신심등견

答 見無如許種見.
　　견무여허종견

問 云 旣無如許種見 復何見.
　　운 기무여허종견 부하견

答 是自性見 何以故. 爲自性 本來淸淨 湛然空寂
　　시자성견 하이고　위자성 본래청정 담연공적

即於空寂體中 能生此見.
즉어공적체중 능생차견

**문**: 몸과 마음은 무엇으로 봅니까? 눈으로 봅니까, 귀로 봅니까, 코로 봅니까, 아니면 몸과 마음으로 봅니까?

**답**: 보는 것은 이런 종류의 것들로 보는 것이 아니다.

**문**: 이런 종류의 것들로 보는 것이 아니라면 무엇으로 봅니까?

**답**: 자신의 성품에서 본다. 왜냐하면 자신의 성품이 본래 청정하여 맑고 고요하기 때문이다. 맑고 고요한 그 바탕에서 보는 힘이 나온다.

우리는 보통 눈으로 본다고 합니다. 눈으로 보는 순간 온갖 생각들이 함께 일어납니다. 이 생각 속에는 늘 번뇌 덩어리 '나'라는 것이 잠재되어 있으므로 괴로움이 함께 하고 있습니다. 이 모습이 중생의 모습인데, 집착하여 분별하고 살아가는 온갖 모습이 허깨비인 줄 알아 이런 분별이 사라진다면 우리는 무엇으로 이 세상을 보겠습니까? 눈으로 봅니까? 아니면 귀나 코로 봅니까, 아니면 이 몸과 마음으로 보는 것입니까?

이 물음에 대한 대답으로 대주 스님은 "온갖 집착이 다 끊어진 자신의 성품에서 본다."라고 합니다. 집착이 떨어진 자신의 성품은 맑고 깨끗하여 그 바탕에서 성스러운 빛이 뻗어 나옵니다. 이 광명이 모든 것을 낱낱이 비추어 환히 아는 힘이며, 이것이 부처님과 조사 스님들의 지혜입니다.

## ♥ 내 것이라 집착하는 마음이 사라지면

問 只如淸淨體 尙不可得 此見 從何而有.
지여 청정 체 상 불 가 득 차 견 종 하 이 유

答 喩如明鑑中 雖無像 能見一切像.
유 여 명 감 중 수 무 상 능 견 일 체 상

何以故. 爲明鑑無心 故.
하 이 고 위 명 감 무 심 고

學人 若心無所染 妄心不生 我所心滅 自然 淸淨 以淸淨
학 인 약 심 무 소 염 망 심 불 생 아 소 심 멸 자 연 청 정 이 청 정

故 能生此見.
고 능 생 차 견

法句經 云 於畢竟空中 熾然建立 是善知識也.
법 구 경 운 어 필 경 공 중 치 연 건 립 시 선 지 식 야

**문**: 청정한 바탕은 얻을 수 없는 것인데 보는 것이 어디에 있겠습니까?

**답**: 비유하자면 밝은 거울 속에 아무런 모습이 없더라도 사물을 비추면 온갖 모습을 볼 수 있는 것과 같다.

왜냐하면 밝은 거울은 어떤 모습에 대해 집착하는 마음이 없기 때문이다. 도를 배우는 사람이 경계에 오염되지 않아 헛된 마음이 생기지 않고, '내 것이라 집착하는 마음'이 사라지면, 저절로 그 사람의 마음은 맑고 깨끗해진다. 그 마음이 청정하므로 여기서 보는 힘이

생긴다.

『법구경』에서 "허깨비와 같은 모든 집착이 사라진 마지막 공空, 텅 빈 마음에서는 치열하게 불꽃처럼 벌어지는 온갖 법들이 선지식이 다."라고 하였다.

맑고 깨끗한 마음 바탕은 어떤 모양으로 그려낼 수도 없고 이름을 붙일 수도 없습니다. '그런데 여기서 어떻게 보는 게 있을까?'라는 의심이 드는 것입니다. 이에 대한 답변으로 대주 스님은 밝은 거울로 비유를 들고 있습니다. 먼지 없는 맑은 거울 속을 아무리 들여다 보아도 그 안에 아무것도 없지만, 아무것도 없으므로 거울은 그 앞에 비치는 온갖 모습을 있는 그대로 드러낼 수 있습니다.

깨달은 사람은 경계를 집착하여 시비 분별하는 오염된 마음이 없습니다. 그러므로 밝은 거울처럼 맑고 깨끗한 텅 빈 마음이 대상 경계에 집착하지 않고 있는 그대로 드러나니, 거기서 치열하게 불꽃처럼 벌어지는 온갖 법들이 생겨나는 것입니다. 마음의 빛으로 치열하게 드러나는 이 법들이 모두 빠짐없이 부처님의 지혜이니, 이것이 선지식이 되어 중생들을 제도합니다.

선지식이란 온갖 집착이 사라진 텅 빈 마음에서 나오는 부처님의 지혜를 쓰는 사람을 말합니다. 오랜 시간 수행을 하였다거나 수행하는 모습만 지니고 있다거나 높은 직책을 맡고 있다고 해서 선지식이라 할 수 없습니다. 올바른 수행과 법이 없이 선지식 노릇을 하는 사람은 부처님의 법을 팔아먹는 큰 죄를 짓는 사람이라 하여 청정 승가에서는 용납하지 않습니다.

　　청정하여 맑고 맑은 본디 그 성품
　　거기에서 한량없는 빛이 나옴에
　　세상 인연 빠짐없이 들여다보니
　　내 품 안에 온갖 공덕 지니고 있네.

# 5장. 열반경 두 구절

涅槃經二句

자신의 성품은 본디 맑고 고요한데 그 바탕에서 빛이 뻗어 나와 부처님의 세상을 보는 힘이 나옵니다. 수행을 통해서 이 마음을 가져봐야 돈오의 뜻을 확실히 알겠지만, 많은 사람이 이 뜻을 이해하지 못하고 있으므로 대주 스님은 『열반경』에 나오는 이야기를 인용해 다시 한번 그 내용을 설명하고 있습니다.

## ♡ 볼 수 없는 것이지만 분명히 보되

問 涅槃經 金剛身品 不可見
   열반경 금강신품 불가견

　 了了見 無有知者 無不知者 云何.
   요료견 무유지자 무부지자 운하

答 不可見者 爲自性體 無形 不可得故 是名不可見也.
   불가견자 위자성체 무형 불가득고 시명불가견야

　 然 見不可得者 體寂湛然 無有去來 不離世流.
   연 견불가득자 체적담연 무유거래 불리세류

　 世流 不能流 坦然自在 卽是了了見也.
   세류 불능류 탄연자재 즉시료료견야

문:『열반경』금강신품에서 "볼 수 없는 거지만 분명히 보되, 아는 것도 없고 모르는 것도 없다."라고 한 것은 무엇을 말합니까?

답: '볼 수 없다'고 한 것은 자성의 바탕에 어떤 모습도 없어 볼 수 있는 것이 아니므로, 이를 일러 '볼 수 없다'라고 한 것이다. 볼 수 없는 것의 그 바탕은 고요하고 맑아 오가는 것이 없지만 세상의 흐름을 벗어나지 않는다. 그러나 세상의 흐름이 이 바탕을 어지럽히지 못한다. 그 바탕은 평온하고 자유자재하여 세상의 흐름을 분명히 알고 본다.

대주 스님은 질문에 대한 답을 '텅 빈 고요한 마음[空寂]'에서 빛이 나와 그 어떤 경계도 분명히 보고 '신령스럽게 아는[靈知]' 공적영지의 개념으로 풀어내고 있습니다. 자성의 바탕인 '텅 빈 고요한 마음'은 볼 수 있는 어떤 모습도 아니므로 '볼 수 없다'고 말한 것이며, 볼 수 없으므로 당연히 그 자리는 대상을 아는 주체가 없어 '아는 것'도 있을 수 없습니다.

텅 빈 고요한 마음은 고요하고 맑아 오가는 것이 없지만, 여기서 흘러나오는 빛이 세상의 흐름을 드러내 분명히 보고 그 실체를 신령스럽게 압니다. 바탕이 너그럽고 자유자재하여 세상의 흐름을 분명히 알고 보는 것입니다. 이것을 부처님 지혜라고 합니다.

## 🐚 아는 것도 모르는 것도 없다

無有知者 爲自性無形 本無分別 是名無有知者.
무유지자 위자성무형 본무분별 시명무유지자

無不知者 於無分別體中 具有恒沙之用 若能分別一切 卽無
무부지자 어무분별체중 구유항사지용 약능분별일체 즉무

事不知 是名無不知者.
사부지 시명무부지자

般若偈 云 般若 無知 無事不知 般若 無見 無事不見.
반야게 운 반야 무지 무사부지 반야 무견 무사불견


'아는 것이 없다' 함은, 자성의 바탕에 어떤 모습도 없어 본디 분별할
것이 없기 때문에, 이를 일러 '아는 것이 없다'라고 한 것이다. '모르
는 것도 없다' 함은, 분별할 것이 없는 바탕에 갠지스강 모래알만큼
많은 공덕의 작용을 낱낱이 갖추어 모든 걸 분별할 수 있어, 곧 어떤
일도 알지 못할 것이 없으니 이를 일러 '모르는 것도 없다'라고 한
것이다.

그러므로 반야의 게송에서 "반야는 아는 것이 없지만 어떤 일도 모
르는 게 없고, 반야는 보는 것이 없지만 어떤 일도 못 보는 것이 없
다."라고 하였다.


여기서 말하는 '반야'는 부처님의 마음자리에서 나오는 지혜를 말
합니다. 그 자리는 어떤 주체가 없어 아는 것도 보는 것도 없지만,
거기서 나오는 갠지스강 모래알만큼 많은 지혜로 그 마음 자체가

45

알지 못하고 보지 못할 공덕이 없습니다.

끝도 없이 크고 넓은 허공 속에서
해와 달이 밝고 밝아 드러난 세상
허공처럼 텅 빈 충만 부처님 마음
그 지혜로 한량없는 공덕 펼치네.

# 6장. 유와 무를 보고 집착하지 않는 것이 참 해탈

不見有無眞解脫

본디 고요하고 맑은 자신의 성품에서 세상을 보면 나와 너라는 상대적인 개념이 사라집니다. 이 자리에서는 유와 무의 개념도 사라지니 유무를 볼 수 없다는 것은 당연합니다. 온갖 시비와 분별이 사라진 곳, 그 마음자리가 부처님의 열반이며 해탈입니다.

♥ 알고 집착하는 것이 없으면 그것이 곧 열반이며 해탈

問 經 云 不見有無 眞解脫 何者 是不見有無.
　 경 운 불견유무 진해탈 하자 시불견유무

答 證得淨心時 卽名有 於中 不生得淨心想 卽名不見有也.
　 증득정심시 즉명유 어중 불생득정심상 즉명불견유야

　 得想無生無住 不得作無生無住想 卽是不見無也. 故 云
　 득상무생무주 부득작무생무주상 즉시불견무야 고 운

　 不見有無也.
　 불견유무야

　 楞嚴經 云 知見 立知 卽無明本 知見 無見 斯卽涅槃 亦
　 능엄경 운 지견 입지 즉무명본 지견 무견 사즉열반 역

　 名解脫.
　 명해탈

**문:** 경에서 "유有와 무無를 보고 집착하지 않는 것이 참 해탈이다."라고 하는데, 무엇이 유有와 무無를 보고 집착하지 않는다는 뜻입니까?

**답:** 깨끗한 마음을 증득하였을 때 이를 일러 '유有'라 하고, 그 가운데 깨끗한 마음을 얻었다는 생각을 내지 않는 것 이를 일러 곧 '유有를 보고 집착하지 않는다'고 한다. '생멸이 없어 집착해 머물 것이 없는 마음'을 얻고 '생멸이 없다거나 집착해 머물 것이 없다는 생각'조차 내지 않는 것이 곧 무無를 보고 집착하지 않는 것이니, 그러므로 '유有와 무無를 보고 집착하지 않는다'고 한다.

『능엄경』에서 이르기를 "지견知見에서 아는 것을 내세워 집착하면 이것이 곧 무명의 근본이 되고, 지견에서 알고 집착하는 것이 없으면 이것이 곧 열반이며 해탈이라 한다."라고 하였다.

이 단락에서 대주 스님은 늘 무엇이 있다고 생각하는 상견常見이나 아무것도 없다고 생각하는 단견斷見에 집착하지 말라고 말합니다. '깨끗한 마음'을 증득하였을 때 이를 일러 '유有'라 하며, 그 가운데 '깨끗한 마음'이라는 어떤 실체가 있다고 생각하며 집착하고 있는 것이 상견입니다. '깨끗한 마음'이란 경계에 집착하는 '나'라는 번뇌 덩어리가 남아 있기 때문이니 아직 중생의 마음입니다. 이 중생의 마음을 없애기 위해서는 깨끗한 마음을 증득하였을 때

48

깨끗한 마음을 얻었다는 생각조차 내지 말아야 합니다. 이것이 수행자가 상견을 없애는 법이니 이를 일러 '유有를 보고 집착하지 않는다'고 말한 것입니다.

상견常見은 사라졌지만 이와 반대로 '아무것도 없다'는 생각에 집착하고 있는 것이 단견斷見입니다. 단견에도 아무것도 없다는 것에 집착하는 '나'라는 번뇌 덩어리가 아직 남아 있는 것이므로, 이것도 아직 중생의 마음입니다. 이 마음을 없애기 위해서는 '생멸이 없어 집착해 머물 것이 없는 마음'을 얻더라도, 그 자리에서 '생멸이 없다거나 집착해 머물 것이 없다는 생각'조차 내지 말아야 합니다. 이것이 수행자가 단견을 없애는 법인데, 이를 '일러 무無를 보고 집착하지 않는다'고 말한 것입니다. 이와 같이 집착하는 상견과 단견이 사라지면 그 자리에서 유有와 무無를 보고 집착하지 않게 됩니다.

상견과 단견 이 모든 집착을 타파해야 무명이 사라지고, 무명이 사라져야 알음알이 중생의 마음이 사라지며, 알음알이 마음이 사라져야 시비 분별하는 '나'와 '집착하는 대상 경계'가 사라집니다. 이 텅 빈 마음은 어떤 대상 경계를 가지고 '유'나 '무'라 판단하는 개념조차 존재하지 않습니다. '유'와 '무'를 보고 집착하지 않는 그 마음자리가 '올바른 깨달음'입니다. 이 온갖 번뇌와 분별이 사라진 고요한 마음이 부처님의 '열반'이며, 이 마음으로

온갖 구속에서 벗어나는 지혜로운 삶이 진짜 해탈이니 '참 해탈'
이라 말한 것입니다.

그러므로 『능엄경』에서 "지견知見에서 아는 것을 내세워 집착하
면 무명의 근본이 되지만, 알고 집착하는 것이 없으면 열반이며
해탈이다."라고 하였고, 『보장론』에서는 "유有를 알면 '있다'라는
집착이 허물이요, 무無를 알면 '없다'라는 집착이 허물이다. '참다
운 앎'은 유와 무를 헤아리지 않고, 유와 무에 집착하지 않는다면
곧 '부처님 마음에서 빛나는 슬기로운 삶'이다."라고 하였습니다.

　　이리저리 시비하고 살아가면서
　　좋다하여 집착하며 가지려 하고
　　아니라고 멀리하며 내치려 하나
　　이런 삶은 온갖 고통 불러온다네.

# 7장. 보는 바가 없는 것

無所見

'자신의 성품에서 분별이 없는 앎'이 부처님 마음입니다. 보되 보는 바가 없고 듣되 듣는 바가 없다는 것은, 주객이 사라진 텅 빈 마음자리를 가리키는 것입니다. 온갖 경계를 보아도 보는 바가 없고 온갖 소리를 들어도 듣는 바가 없다는 것은, 나와 대상 경계에 대한 집착이 없어 주객이 사라진 마음자리로서 이를 '분별이 없는 지혜로 아는 앎' 무분별지無分別智라고 말하기도 합니다.

❦ 본디.성품으로 보고 본디 성품으로 들으니

問 云何是無所見.
　　운하시무소견

答 若見男子女人及一切色像　於中 不起愛憎
　　약견남자여인급일체색상　어중 불기애증

　　與不見等 卽是無所見也.
　　여불견등 즉시무소견야

問 對一切色像時 卽名爲見 不對色像時 亦名見否.
　　대일체색상시 즉명위견 부대색상시 역명견부

答 見.
　　견

문: 어떤 것이 '보는 바가 없는 것'입니까?

답: 남자 여자 온갖 경계를 보면서도 그 가운데서 좋거나 싫다는 마음을 일으키지 않는다면 이는 보지 않은 것과 같으니 곧 '보는 바가 없는 것'이다.

문: 온갖 경계를 마주할 때 이를 일러 '본다'고 하겠지만 경계를 대하지 않을 때도 이를 '본다'고 하겠습니까?

답: 본다.

'보는 바가 없다'는 것은 사물에 대한 분별심이 없어 집착하지 않는다는 뜻입니다. 우리가 보통 본다고 하면 보아야 할 어떤 대상이 있어서 본다고 합니다만, 여기서 본다고 하는 것은 사물이 존재한다거나 존재하지 않는다는 유와 무의 상대적 개념을 가지고 이야기하는 게 아니고, 그것을 초월한 부처님의 근본 마음자리에서 이야기하는 것입니다. 남자와 여자를 보았을 때 남자와 여자를 보지 않는다는 것이 아니라, 남자를 봐도 남자라는 경계에 집착하지 않고 여자를 봐도 여자라는 경계에 집착하지 않는 마음을 이렇게 표현한 것입니다.

그 마음에서 '보는 성품'은 영원하여 사물이 있을 때도 보고 없을 때도 봅니다. 눈앞에서 오고 가는 사물이 있어도 그것을 보는 성품은 오고 감이 없습니다. 보는 것, 느끼는 것, 아는 것 이런 육근의 작용도 다 마찬가지입니다. 중생은 눈이 있어야 보고 혀가 있어야 맛을 본다고 하지만, 근본 마음자리에서 보았을 때는 그런 육근 작용 이전에 존재하는 어떤 바탕이 있습니다. 그것이 우리의 참마음 '본디 성품'입니다. 사물을 볼 때 눈으로 보는 것이 아니라 우리한테 있는 '본디 성품'이 보고, 귀로 소리를 들을 때도 '본디 성품'이 듣는 것입니다.

## ♥ 보는 성품은 영원하므로

問 對物時 從有見 不對物時 云何有見.
대물시 종유견 부대물시 운하유견

答 今言見者 不論對物與不對物. 何以故.
금언견자 불론대물여부대물 하이고

爲見性 常故 有物之時 卽見 無物之時 亦見也.
위견성 상고 유물지시 즉견 무물지시 역견야

故知. 物 自有去來 見性 無來去也 諸根 亦爾.
고지 물 자유거래 견성 무래거야 제근 역이

문: 사물을 대할 때는 '보는 것'이 있겠지만 사물을 대하지 않을 때 어떻게 '보는 것'이 있겠습니까?

답: 지금 여기서 '본다'고 하는 것은 사물을 대하고 대하지 않는 것을 논하는 게 아니다. 무엇 때문인가? '보는 성품'은 영원하므로 사물이 있을 때도 보고 사물이 없을 때도 보기 때문이다. 그러므로 알아야

한다. 사물이 저절로 오고 감이 있더라도 보는 성품은 오고 감이 없으며, 다른 모든 감각기관도 그러하다.

사물을 보고 소리를 들을 때 눈이나 귀로 보고 듣는 것이 아니라 사람마다 가지고 있는 '본디 성품'이 사물을 보고 소리를 듣는 것입니다. 이 성품은 사물이 있든 없든 소리가 있든 없든 간에 영원한 것입니다. 이 성품이 눈을 의지할 때는 보는 성품이라 하고, 귀에 있을 때는 듣는 성품이라 하며, 코에 있을 때는 냄새 맡는 성품이라 하고, 혀에 있을 때는 맛을 아는 성품이라 말합니다. 그러므로 모든 감각기관에서 이 성품이 주인 노릇을 하는 것입니다.

> 자기 성품 푸르거나 붉지 않지만
> 성깔 내면 얼굴빛이 푸르락 하고
> 행복하면 환한 얼굴 주변이 밝아
> 인연 따라 그 모습을 드러낸다네.

♡ 분별이 없는 지혜로서 아는 앎이 듣는다

수행을 통하여 깨달음을 얻어 무명을 타파하면 주객으로 대립하는 온갖 개념이 사라지고 텅 빈 마음만 남습니다. 그 이전까지는 상대적인 개념으로 온갖 시비가 벌어지지만, 무명을 넘어서면 유와 무라는 상대적 온갖 개념이 떨어지므로 텅 빈 마음에서는 유와 무를 찾아볼 수 없기 때문입니다. 따라서 깨달음을 추구하다 깨달음을 얻게 되면, 유와 무에 집착할 게 없어 그 깨달음조차 사라지는 자리가 온갖 속박에서 벗어난 '해탈'이며 온갖 번뇌가 사라진 '열반'입니다. 이 깨달음의 성품은 사물이 있든 없든 간에 그 자리를 집착이 없이 무심하게 지켜보고 알 뿐입니다.

問 正見物時 見中 有物否.
　　정 견 물 시　견 중　유 물 부

答 見中 不立物.
　　견 중　불 입 물

問 正見無物時 見中 有無物否.
　　정 견 무 물 시　견 중　유 무 물 부

答 見中 不立無物.
　　견 중　불 립 무 물

問 有聲時 卽有聞 無聲時 還得聞否.
　　유 성 시　즉 유 문　무 성 시　환 득 문 부

答 亦聞.
　　역 문


문: 사물을 바로 볼 때 보는 가운데 사물이 있습니까?

답: 보는 가운데 사물을 내세워 집착하지 않는다.


문: 사물이 없음을 바로 볼 때 보는 가운데 사물이 없습니까?

답: 보는 가운데 사물이 없음을 내세워 집착하지 않는다.

문: 소리가 있을 때는 소리를 듣는 것이 있겠지만, 소리가 없을 때도 들을 수 있습니까?

답: 듣는다.


問 有聲時 從有聞 無聲時 云何得聞.
　유성시　종유문　무성시　운하득문

答 今言聞者 不論有聲無聲. 何以故.
　금언문자　불론유성무성　하이고

　爲聞性 常故 有聲時 卽聞 無聲時 亦聞.
　위문성　상고　유성시　즉문　무성시　역문

問 如是聞者 是誰.
　여시문자　시수

答 是自性聞 亦名知者聞.
　시자성문　역명지자문


문: 소리가 있을 때 소리를 따라 듣는 것이 있겠지만, 소리가 없을 때는 어떻게 들을 수 있습니까?

답: 지금 말하는 '듣는 성품'은 소리가 있고 없음을 논하는 것이 아니다. 무엇 때문인가? 자신의 '듣는 성품'이 영원하므로 소리가 있을 때도 듣고 소리가 없을 때도 듣기 때문이다.


문: 이렇게 듣는 자가 누구입니까?

답: '자신의 성품'이 듣는 것이며, 또한 이를 일러 '분별이 없는 지혜로서 아는 앎이 듣는다'라고 한다.

우리가 본다고 하면 보아야 할 어떤 대상이 있어서 본다고 합니다. 그러나 여기서는 경계를 보지 않을 때도 그것 역시 보는 것이라고 이야기하고 있습니다. 사물을 대하지 않을 때 눈을 감고 있을 때 어떻게 보는 것이 있겠느냐고 하겠지만, 여기서 본다고 하는 것은 어떤 사물을 상대하고 안 하는 그런 이치가 아닙니다. 사물이 있고 없는 유와 무의 상대적 개념을 가지고 이야기하는 것이 아니고, 경계를 바라보는 근본 성품에서 이야기하는 것입니다. 왜냐하면 근본 성품에서 나오는 '보는 성품'은 영원하여 사물이 있을 때도 보고 없을 때도 보기 때문입니다.

사물에는 오고 감이 있어도 '보는 성품'에는 오고 감이 없습니다. 보는 것, 느끼는 것, 아는 것 이런 육근의 작용도 다 마찬가지입니다. 중생은 눈이 있어야 보고 혀가 있어야 맛을 보는데 그런 육근의 작용도 '본디 성품'이 밖으로 표출되어 드러나는 것입니다. 육근의 작용 이전에 그것을 표출하는 어떤 바탕이 있는데 이것을 우리가 참 성품이라고 말하지, 이 자리를 벗어난 중생의 알음알이를 가지고 하는 말이 아닙니다.

"보되 사물에 집착하지 않는다."라고 한 것은, 사물을 볼 때도 자신의 참 성품이 모든 판단을 중지하고 그 경계에 집착하지 않고 있다는 뜻입니다. 사사로운 마음이 개입하여 분별하는 중생의 마음이 사라진 '텅 빈 부처님의 마음'으로 보고 있다는 것입니다. 사물이 없을 때도 이 성품은 그대로 지켜만 볼 뿐 '사물이 없다'라는 생각조차 일으키지 않습니다. 눈을 떴을 때나 감았을 때도 사물이 있을 때나 없을 때도 수행자는 언제나 눈앞의 경계에 흔들리지 않고 지켜보는 여여한 마음자리, 그 성품만을 챙겨 갈 뿐입니다.

여기에서 나오는 '보고 듣는 성품'은 걸림 없이 어떤 세상 인연에도 집착하지 않고 주어진 인연대로 따라갈 뿐입니다. 보되 본 바가 없고 들어도 들은 바가 없는 이런 사람이 부처님의 세상에서 살아가는 무심도인입니다. 무심도인은 분별이 없는 지혜로운 앎만 있을 뿐입니다.

눈을 뜨고 보았어도 본 것이 없고
온갖 소리 귓가에도 들은 것 없어
이 사람이 어리석어 보이겠지만
세상살이 시비에서 벗어난 도인.

# 8장. 돈오의 종지와 체용

頓悟門宗旨體用

무심도인이 걸림 없이 어떤 세상 인연에도 집착하지 않고 따라갈
수 있는 것은 마음속에 헛된 생각이 없기 때문입니다. 탈속한 수행
자는 뜬구름 같은 허망한 마음을 일으키지 않습니다. 온갖 시비
속에서 보아도 본 것에 집착하지 않고, 들어도 들은 것에 집착하지
않는 사람이야말로 맑고 깨끗한 마음자리에서 뻗어 나오는 지혜
광명으로 살아가는 부처님입니다.

## ♡ 돈오는 무념無念을 으뜸으로 삼는다

> 問 此頓悟門 以何爲宗 以何爲旨 以何爲體 以何爲用.
> 차 돈 오 문  이 하 위 종  이 하 위 지  이 하 위 체  이 하 위 용
>
> 答 無念爲宗 妄心不起爲旨 以淸淨爲體 以智爲用.
> 무 념 위 종  망 심 불 기 위 지  이 청 정 위 체  이 지 위 용

**문**: 깨달음으로 가는 돈오는 무엇을 '으뜸[宗]'으로 삼고 무엇을 '참
뜻[旨]'으로 삼으며, 무엇을 '바탕[體]'으로 삼고 무엇을 그 '쓰임새
[用]'로 삼습니까?
**답**: 돈오는 망념이 없는 무념을 '으뜸'으로 삼고 허망한 마음이 일어

나지 않는 것을 '참뜻'으로 삼으며, 맑고 깨끗한 것을 '바탕'으로 삼고 지혜를 '쓰임새'로 삼는다.

問 既言無念爲宗 未審 無念者 無何念.
　 기 언 무 념 위 종 　 미 심 　 무 념 자 　 무 하 념

答 無念者 無邪念 非無正念.
　 무 념 자 　 무 사 념 　 비 무 정 념

**문**: 무념을 으뜸으로 삼는다고 말씀하셨는데, 어떤 생각이 없는 것을 무념이라고 하시는지 궁금합니다.
**답**: 무념이란 '삿된 생각[邪念]'이 없는 것이지 '바른 생각[正念]'이 없는 것을 말하는 게 아니다.

돈오頓悟는 중생의 번뇌를 없애 부처님 마음을 단숨에 깨닫는 것입니다. 다시 말하면 무명을 끊고 깨달음으로 들어가는 길입니다. 이 깨달음을 얻기 위하여 무엇을 종지로 삼아야 하고, 그 바탕과 쓰임새는 어떤 것인가를 묻고 있습니다. 대주 스님은 답하기를 망념이 없는 '무념'을 으뜸으로 삼고, 무념 그 자리에서 '허망한 생각이 일어나지 않는 것을 참뜻으로 삼는다'고 하였습니다. 그러면서 무념이란 삿된 생각이 없는 것이지, 바른 생각이 없는 것을 말하는 게 아님을 밝히고 있습니다.

이 내용은 『육조단경』에서 육조 스님이 "선지식들이여, 나의 법문

은 예로부터 먼저 무념無念을 으뜸으로 삼고 무상無相을 그 바탕으로 삼으며 무주無主를 근본으로 삼는다."라고 하신 말씀과 그 맥이 통합니다. 육조 스님은 마음속에 헛된 생각이 없는 것을 '무념無念'이라 합니다. 온갖 경계에 대한 집착을 떠났기에 자기 욕심을 일으키지 않는 것입니다. 욕심이 없어 아상我相이 끊어진 맑고 깨끗한 마음자리에서는 올바른 생각이 바로 나옵니다. 따라서 육조 스님은 '무념'을 수행의 으뜸으로 삼습니다. 어리석은 사람은 온갖 경계에서 자기 생각을 일으키고, 그 생각에서 욕심을 부려 삿된 견해를 일으키니 온갖 티끌 망념이 여기에서 생겨나는 것입니다.

'아상'이 없는 맑고 깨끗한 마음자리로 들어가면 '나'도 시비 분별하는 '경계'도 함께 사라집니다. 내가 사라진 그 자리에서는 보고 집착할 수 있는 어떤 대상 경계도 있을 수 없겠지요. 경계를 보되 집착하는 어떤 모습도 없는 마음, 이것을 무상無相이라고 합니다. 바깥 모습에 대한 온갖 집착을 떠나야만 그 성품의 바탕이 맑고 깨끗해지니, 이 때문에 '무상'을 그 바탕으로 삼는 것입니다.

지나간 일은 존재하지 않으므로 걱정할 일이 없고, 현재의 일도 찰나 순간에 지나가버리는 것이므로 집착할 일이 없으며, 아직 오지 않은 미래도 미리 애써 얽매일 필요가 없습니다. 어떤 경계에도 머물러 집착하지 않아야 얽매이는 마음이 없으니, 이것이 순간순간 온전한 삶을 살아가는 자유로운 대장부의 힘입니다. 이 때문에 얽매이는 마음이 없는 '무주'를 근본으로 삼습니다.

헛된 생각 없는 마음 '무념無念'이라 말하지만
이 마음엔 어떤 모습 없으므로 '무상無相'이며
모습 없어 집착할 곳 없으므로 '무주無住'이니
이들 모두 맑고 맑은 부처님의 마음자리.

## ♥ 삿된 생각과 바른 생각

무념은 '삿된 생각'이 없는 것이지 '바른 생각'이 없는 게 아닙니다. 일반적으로 무념하면 아무런 생각도 없는 것이라고 착각할 수 있는데, 아무 생각이 없다는 것과 삿된 생각이 없다는 것에는 아주 큰 차이점이 있습니다. 삿된 생각이 무엇인지 아는 것만으로도 부처님의 가르침을 깨달을 수 있으니, 대주 스님은 그 내용을 다음과 같이 설명하고 있습니다.

問 云何爲邪念 云何名正念.
　　운하위사념 운하명정념

答 念有念無 卽名邪念 不念有無 卽名正念.
　　염유염무 즉명사념 불념유무 즉명정념

　　念善念惡 名爲邪念 不念善惡 名爲正念.
　　염선염악 명위사념 불념선악 명위정념

　　乃至苦樂生滅取捨 怨親愛憎 幷名邪念
　　내지고락생멸취사 원친애증 병명사념

不念苦樂等 卽名正念.
불 념 고 락 등 즉 명 정 념

문: 무엇이 '삿된 생각'이고, 무엇이 '바른 생각'입니까?

답: 유有와 무無를 분별하여 집착하는 것이 '삿된 생각'이요, 유有와 무無를 분명히 알되 집착하지 않는 것을 '바른 생각'이라 한다.
선과 악을 분별하여 집착하는 것이 '삿된 생각'이고, 선과 악을 분명히 알되 집착하지 않는 것을 '바른 생각'이라 한다.
즐거움과 괴로움, 생성과 소멸, 취함과 버림, 원망과 친분, 사랑과 증오를 분별하여 집착하는 것이 '삿된 생각'이고, 이런 모습을 분명히 알되 집착하지 않는 것을 '바른 생각'이라 한다.

우리는 보통 삿된 생각은 나쁜 생각이고 바른 생각은 좋은 생각이라고 분별하며 세상을 살아가고 있습니다. 이런 개념에 늘 익숙해져 있다 보니 자신도 모르게 이분법적 사고로 세상을 바라봅니다. 이분법적 사고로 세상을 바라보는 것이 올바르게 사는 이치라면, 그런 삶을 사는 사람들은 당연히 정의롭고 행복해야 합니다. 그런데 이 사고에 젖어 있는 사람들이 그렇게 올바르고 편안해 보이지를 않습니다. 무엇 때문이겠습니까? 이분법적 사고는 근본적으로 문제점을 안고 있기 때문입니다. 이 문제점은 바로 이분법적 사고로 좋고 나쁨을 판단하는 잣대가 지극히 주관적인 자기 생각에 달려 있다는 것입니다. 그러므로 자기도 모르게 늘 자신의 이익과 욕망을 암암리에 내세우면서 다른 사람의 입장을 배려하지 못하고 무시하게 됩니다.

나만 먼저 생각하는 이런 사람을 절집에서는 '아상我相'이 많다고 합니다. 보통 이런 사람은 자기중심적이며 자신의 생각에 사로잡혀 상대방의 처지를 이해하려 노력하지 않고 제 욕심만 채우려는 성향이 많습니다. 아주 어리석은 사람이지요. 사회생활을 하면서도 아상이 많은 사람은 자신의 삶을 다른 사람들과 비교하며 더 갖기 위해, 더 좋은 자리를 차지하기 위해 온갖 다툼을 일으키는 경향이 많습니다. 항상 나는 나, 너는 너로 나누어 다투며 살다 보니 일상의 삶이 괴로울 수밖에 없습니다. 나만 잘났다는 마음이 있는 한 괴로움을 일으키는 삿된 생각에서 벗어날 수 없기 때문입니다.

대주 스님은 자신한테 유리하게 좋고 나쁨을 분별하면서 자신의 이익과 욕망을 채우려고 집착하며 살아가는 것은 삿된 생각으로 잘못된 삶을 사는 것이라고 역설합니다. 나아가 좋고 나쁨을 있는 그대로 알되 자신의 이익과 욕망을 채우려는 마음이 없는 사람은, 그 어느 쪽도 집착하지 않는 '바른 생각'으로 살아가기에 부처님과 같다고 합니다.

이처럼 분별하지 않고 있는 그대로 조용히 지켜보는 마음, 집착 없는 그 마음을 쓰라는 것이 『금강경』에서 말하는 '응무소주이생기심應無所住而生其心'입니다. 육조 스님이 주문받은 장작을 갖다주려고 객점에 들렀을 때, 객점에서 머물던 손님이 독송하는 이말 한마디를 듣고 마음이 열렸지요. 집착을 내려놓는 순간 바로마음이 열립니다. 좋고 나쁨, 선과 악 등 모든 시비 분별이 사라진그 마음자리에서 부처님의 공덕이 흘러나오고 부처님의 지혜가흘러나오기 때문입니다.

> 삿된 생각 괴로움을 가져 오는 것
> 그 결과로 불행한 삶 마음 아파라
> 바른 생각 하는 것이 행복한 마음
> 행복이란 깨달음이 드러난 세상.

♡ 바른 생각이란 오직 깨달음만 생각하는 것

자신한테 유리한 쪽으로 판단하는 법이 없이 언제나 어디에도 집착하지 않고 사물을 있는 그대로 지켜보는 마음이 바른 생각입니다. 이 마음은 시비하고 분별하는 것이 없어진 마음이니 깨달음입니다. '나'라는 어떤 주체가 있어서 얻을 것도 없고, 내가 없으므로내가 얻을 '대상'도 없는 것입니다. 바른 생각이란 아상이 사라진마음이며 깨달음이고 부처님의 마음입니다. 대주 스님은 이런 내용을 이야기합니다.

問 云何是正念.
운하시정념

答 正念者 唯念菩提.
정념자 유념보리

問 菩提 可得否.
보리 가득부

答 菩提 不可得.
보리 불가득


문: 어떤 것이 바른 생각입니까?

답: 바른 생각이란 오직 깨달음만 생각하는 것이다.


문: 깨달음은 얻을 수 있습니까?

답: 깨달음은 얻을 수 없다.


問 旣不可得 云何唯念菩提.
기불가득 운하유념보리

答 只如菩提 假立名字 實不可得 亦無前後得者.
지여보리 가립명자 실불가득 역무전후득자

爲不可得故 卽無有念.
위불가득고 즉무유념

只箇無念 是名眞念 菩提 無所念.
지개무념 시명진념 보리 무소념

無所念者 卽一切處無心 是無所念.
무소념자 즉일체처무심 시무소념

只如上說如許種無念者 皆是隨事方便 假立名字
지여상설여허종무념자 개시수사방편 가립명자

皆同一體 無二無別.
개 동 일 체  무 이 무 별

但知一切處 無心 卽是無念也 得無念時 自然 解脫.
단 지 일 체 처  무 심  즉 시 무 념 야  득 무 념 시  자 연  해 탈


**문**: 얻을 수 없는데 왜 깨달음만 생각해야 합니까?

**답**: 깨달음이란 용어도 임시방편으로 내세운 개념일 뿐 실제로 얻을 수 있는 게 아니다. 그러므로 앞생각이나 뒷생각으로도 역시 얻을 수 없는 것이다. 어떤 생각으로도 얻을 수 있는 게 아니므로 헛된 생각이 없다.

다만 헛된 생각이 없는 무념無念을 '부처님의 생각'이라 하니, 깨달음은 어떤 대상으로 생각할 실체가 없기 때문이다. 어떤 대상으로 생각할 게 없는 무념은, 곧 어떤 곳에서도 분별하는 마음이 없으니, 이는 분별하여 집착할 것이 없기 때문이다.

위에서 말한 이런 종류의 무념은 모두 인연을 따른 방편으로 임시로 내세운 개념일 뿐, 모두 부처님의 마음이니 동일한 바탕으로 조금도 다를 게 없다. 다만 어떤 곳에도 집착하는 마음이 없음을 알면 곧 이것이 무심이요 무념이다. 무념을 얻을 때 저절로 모든 번뇌에서 벗어난다.


대주 스님은 먼저 바른 생각은 깨달음만 생각하는 것이라고 말해놓고는, 모순되게도 깨달음은 얻을 수 없는 것이라고 합니다. 깨달음이란 표현은 임시방편일 뿐, 깨달음은 실체가 없어 앞생각이든

뒷생각이든 어떤 생각으로도 얻을 수 있는 게 아니기 때문입니다. 그러므로 얻을 수 없는 깨달음을 얻겠다고 달려드는 생각들은 모두 헛된 생각입니다.

헛된 생각이 없는 것을 무념無念이라 합니다. 헛된 생각은 실체가 없는 허깨비와 같은 대상을 있다고 착각하여 집착하는 마음입니다. 집착하는 마음이 없는 것을 무심無心이라 하니 결국 무념과 무심은 같은 말입니다. 깨달음은 부처님의 마음을 말하는데, 부처님의 마음은 헛된 생각이 없으므로 무념이고, 집착하는 마음이 없으므로 무심입니다. 헛된 생각이 없고 집착하는 마음이 없으므로 모든 번뇌에서 벗어나는 것, 이것이 해탈입니다.

그러므로 바른 생각, 깨달음, 무념, 무심, 해탈 이 모든 용어는 부처님 마음을 드러내는 개념일 뿐, 표현은 달라도 그 바탕은 부처님 마음으로 똑같습니다. 이 부처님 마음으로 살아가는 것이 부처님의 삶을 실천하는 것입니다. 대주 스님은 이어서 부처님의 삶을 이야기하고 있습니다.

## ♡ 부처님 삶은 집착이 없어

**問** 云何行佛行.
운 하 행 불 행

**答** 不行一切行 卽名佛行 亦名正行 亦名聖行 如前所說
불 행 일 체 행 즉 명 불 행 역 명 정 행 역 명 성 행 여 전 소 설

不行有無憎愛等 是也.
불 행 유 무 증 애 등 시 야

大律券五 菩薩品 云 一切聖人 不行於衆生行
대 율 권 오 보 살 품 운 일 체 성 인 불 행 어 중 생 행

衆生 不行如是聖行.
중 생 불 행 여 시 성 행

**문**: 부처님의 삶은 어떻게 실천해야 합니까?

**답**: 어디에도 집착 없이 사는 것, 곧 이를 일러 '부처님의 삶[佛行]'이
라 하고, '바른 삶[正行]'이라고도 하며 '거룩한 삶[聖行]'이라고도
한다. 이것은 앞에서 말한 '유有'와 '무無'에 집착하지 않고 미워하
고 좋아하는 분별심을 일으키지 않는 것과 같다. 『대율』5권 보살품
에서는 "성인은 중생의 삶을 따르지 않고 중생은 성인의 삶을 본받
지 않는다."라고 하였다.

온갖 경계에 집착하며 살아가는 삶이 중생의 삶이요, 어떤 경계에
도 집착 없이 살아가는 삶이 부처님의 삶입니다. 부처님의 삶은
바른 생각으로 살아가는 거룩한 모습입니다. 바른 생각이란 집착

이 없는 마음입니다. 유有에도 집착하지 않고 무無에도 집착하지 않으므로 어디에도 집착 없이 사는 것, 이것이 부처님의 삶입니다. 승찬 스님께서 신심명 첫머리에서 밝힌 내용도 이와 같습니다.

부처님 삶 깨닫는 건 어렵지 않아
오직 하나 간택만을 꺼릴 뿐이니
미워하고 사랑하는 마음 없으면
걸림 없이 확 트여서 명백하리라.[1]

숭고하고 거룩한 부처님의 삶은 우리 삶과 동떨어진 것이 아닙니다. 집착하지 않는 삶만 살면 바로 부처님의 삶입니다. 미움과 사랑에 집착하지만 않아도 부처님 마음을 지니는 것입니다. 이 마음을 지니면 보아도 본 것에 집착하지 않고, 들어도 들은 것에 집착하지 않기 때문입니다. 이 마음자리에서 나오는 견해가 바른 견해라는 것을 이 장에서 이야기하고 있습니다.

---

1. 원순, 『신심명·증도가』, 도서출판 법공양, 2013, 12-13p

## ♡ 보아도 본 것에 집착이 없는 것이 바른 견해[正見]

問 云何是正見.　　答 見無所見 卽名正見.
운 하 시 정 견　　　　견 무 소 견 즉 명 정 견

問 云何名見無所見.
운 하 명 견 무 소 견

答 見一切色時 不起染着 不染着者 不起愛憎心
견 일 체 색 시 불 기 염 착 불 염 착 자 불 기 애 증 심

卽名見無所見也.
즉 명 견 무 소 견 야

若得見無所見時 卽名佛眼 更無別眼.
약 득 견 무 소 견 시 즉 명 불 안 갱 무 별 안

若見一切色時 起愛憎者 卽名有所見.
약 견 일 체 색 시 기 애 증 자 즉 명 유 소 견

有所見者 卽是衆生眼 更無別眼作衆生眼.
유 소 견 자 즉 시 중 생 안 갱 무 별 안 작 중 생 안

乃至 諸根 亦復如是.
내 지 제 근 역 부 여 시


문: 바른 견해란 무엇입니까?

답: '보아도 본 것에 집착이 없는 것' 이를 일러 '바른 견해[正見]'라고
한다.

문: 보아도 본 것에 집착이 없는 것이란 어떤 것입니까?

답: 어떤 경계를 보아도 집착을 일으키지 않는 것이다. 집착하지
않는다는 것은 좋아하고 싫어하는 마음을 일으키지 않는 것이니,
곧 이를 일러 '보아도 본 것에 집착이 없는 것'이라고 한 것이다.

'보아도 본 것에 집착이 없는 경계'를 얻을 때 이를 일러 '부처님의 눈'이라고 하니, 이를 놓아두고 다시 다른 부처님의 눈은 없다. 어떤 경계를 볼 때 좋아하고 싫어하는 마음을 일으키면, 곧 이를 일러 '본 것에 집착이 있다'고 한다. 본 것에 집착이 있는 것은 '중생의 눈'이라고 하니, 다시 다른 눈이 있어서 중생의 눈이 되는 게 아니다. 나아가 다른 모든 감각기관도 이와 같다.

'보아도 본 것에 집착하지 않는 것'이라는 표현을 처음 듣는 사람들은 이 말이 무척 아리송하게 들립니다. 간단히 말해 이 말은 집착하지 말라는 소리입니다. 어떤 경계도 부정하거나 긍정하지도 말고 있는 그대로 지켜보라는 뜻입니다. 좋거나 싫다는 자기 생각을 일으키지 말고 주어진 인연 그대로 지켜보라는 것입니다. 경계를 분별하지 않고 집착이 없어 있는 그대로 지켜보는 것이 '보아도 본 것에 집착하지 않는 것'입니다.

보아도 본 것에 집착하지 않는 것, 분명히 알지만 집착하지 않는 마음이 부처님의 마음이니, 이 마음으로 보는 것이 '부처님의 눈'입니다. 반대로 겉모습에 집착하여 자기 생각대로 분별하여 보는 것이 '중생의 눈'입니다. 눈만 그런 것이 아니라 귀, 코, 혀, 몸, 알음알이를 내는 모든 감각기관도 같습니다.

## ♥ 온갖 것의 성품이 공空인 줄 알면 해탈

問 旣言以智爲用者 云何爲智.
기 언 이 지 위 용 자 운 하 위 지

答 知二性空 卽是解脫 知二性不空 不得解脫
지 이 성 공 즉 시 해 탈 지 이 성 불 공 부 득 해 탈

是名爲智 亦名了邪正 亦名識體用.
시 명 위 지 역 명 료 사 정 역 명 식 체 용

二性空 卽是體 知二性空 卽是解脫 更不生疑
이 성 공 즉 시 체 지 이 성 공 즉 시 해 탈 갱 불 생 의

卽名爲用.
즉 명 위 용

言二性空者 不生有無 善惡愛憎 名二性空.
언 이 성 공 자 불 생 유 무 선 악 애 증 명 이 성 공


문: 지혜로 쓰임새를 삼는 것에서 무엇이 지혜입니까?

답: '온갖 성품[二性]이 공空'인 줄 알면 해탈이고, 온갖 성품이 공이 아니면 해탈할 수 없음을 아는 것을 '지혜'라고 한다. 또 '삿된 법과 바른 법을 분명히 아는 것'과 '법의 바탕과 그 쓰임새를 아는 것'을 '지혜'라고 한다.

'온갖 성품이 공空'이라는 그 자체가 법의 바탕이고, '온갖 성품이 공空'인 줄 아는 것이 해탈이니, 다시 여기서 의심하지 않는 것을 '지혜로 쓰임새를 삼는 것'이라고 한다. '온갖 성품이 공空'이란 유와 무, 선과 악, 좋음과 싫음에 집착하는 마음이 생겨나지 않는 것을 말하니, 이를 일러 '이성공二性空'이라고 한다.

'이성공二性空'은 두 가지 성품이 모두 공이라는 뜻입니다. 여기서 두 가지 성품은 서로 대립하는 것으로 유와 무, 선과 악, 좋고 싫음 등을 말합니다. 대립하는 온갖 개념의 실제 성품이 알고 보면 모두 공이라, 어떤 것도 실체가 없다는 뜻입니다. 온갖 성품이 공인 줄 알면 양쪽 어디에도 집착하지 않으니 이것이 부처님 지혜입니다.

이 세상 모든 것이 공이고 내 몸과 마음조차도 공인 줄 알아, '온갖 것의 성품[二性]이 공'이어서 모든 집착이 사라진 텅 빈 마음이 부처님의 마음입니다. 모든 집착이 사라져 얽매일 데가 없는 것이 번뇌에서 벗어나는 해탈입니다. 밝은 거울처럼 세상의 인연이 그대로 드러나 아는 것을 부처님의 지혜라고 하니, 이 지혜로 삿된 법과 바른 법을 분명히 알고 법의 바탕과 그 쓰임새를 아는 것입니다.

> 인연들이 있다 하여 좇지를 말고
> '공 도리'라 집착하여 머물지 마라
> 한마음을 변함없이 품고 산다면
> 온갖 번뇌 제 스스로 없어지리라.[1]

---

1. 원순, 『신심명·증도가』, 14-15p

# 9장. 보시바라밀을 단숨에 깨쳐야

頓悟檀波羅蜜

절집에서 많이 쓰는 돈오, 무념, 무심, 무주, 해탈과 같은 용어들은 어렵기만 합니다. 그 뜻은 모두 영원한 행복, 부처님 세상을 드러내는 것인데도 불구하고 낯설기만 하니 부처님 세상이 자꾸 멀어지는 기분이 듭니다. 그러나 한마디로 표현하면 내 욕심을 버리고 내 것을 아낌없이 베풀라는 것입니다. 이것을 강조하고자 대주 스님은 보시바라밀을 이야기합니다.

❦ 보시바라밀이 육바라밀을 모두 갖추고 있으니

問 此門 從何而入.
　　차문 종하이입

答 從檀波羅蜜入.
　　종단바라밀입

問 佛說 六波羅蜜 是菩薩行 何故 獨說檀波羅蜜
　　불설 육바라밀 시보살행 하고 독설단바라밀

云何具足而得入也.
운하구족이득입야

答 迷人 不解五度皆因檀度生. 但修檀度 卽六度悉皆具足.
　　미인 불해오도개인단도생　단수단도 즉육도실개구족

問 何因緣故 名爲檀度.　答　檀者 名爲布施.
하 인 연 고　명 위 단 도　　　　단 자　명 위 보 시

**문**: 깨달음, 돈오의 문은 어디로 들어가야 합니까?
**답**: '단바라밀'로 들어간다.

**문**: 부처님은 "육바라밀이 보살행이다."라고 말씀하셨는데 왜 '단바라밀' 하나만 말씀하십니까? 무슨 이유로 단바라밀이 육바라밀을 다 갖추어 깨달음에 들어갈 수 있다고 하십니까?
**답**: 어리석은 사람들은 나머지 다섯 바라밀이 모두 '단바라밀'에서 생기는 줄 알지 못한다. 단지 '단바라밀'을 닦기만 해도 여기에 육바라밀이 다 갖추어진다.

**문**: 무슨 인연으로 '단바라밀'이라고 합니까?
**답**: '단'의 의미가 보시이기 때문이다.

단바라밀은 우리가 잘 알고 있는 육바라밀 가운데 보시바라밀을 말합니다. '단檀'은 범어 'dāna'의 음사이며, 단바라밀은 부처님 당시부터 있던 수행 방법으로, 보시로 부처님의 세상으로 들어간다는 것을 뜻합니다.

보시바라밀은 보통 재보시, 무외시, 법보시로 나누어 설명합니다. 첫 번째 '재財 보시'는 가지고 있는 재물을 형편에 따라 아낌없이

남한테 베푸는 일입니다. 두 번째 두려움을 없애 주는 '무외無畏 보시'는 자비로운 모습으로 두려움에 떠는 중생들을 포근하게 감싸주는 일입니다. 세 번째 '법法 보시'는 영원한 법을 설해 부처님과 인연을 맺게 해주어 뒷날 성불할 씨앗을 심어주는 일입니다.

오랜 세월에 걸쳐 베풀고 살아가는 삶은 수행의 디딤돌이 됩니다. 이 공덕으로 뒷날 깨달음에 이르게 하니, 집착 없이 모든 것을 아낌 없이 베풀 때 돈오의 문이 열리기 때문입니다.

또한 재보시 무외시 법보시로 이루어진 보시바라밀은 그 자체에 보시 지계 인욕 정진 선정 지혜 이 여섯 가지 육바라밀을 다 갖추고 있습니다.

첫째, 필요한 사람에게 재물을 아낌없이 베푸는 '재보시'는 보시바라밀에 해당이 됩니다.

둘째, 자비로운 모습으로 두려움을 없애 주는 무외시는 지계와 인욕바라밀에 해당이 됩니다. 계율을 지니고 사는 사람은 자비로운 모습으로 부처님의 세상으로 들어가니, 중생들이 이 사람을 보고 두려워할 일이 없습니다. 두려움이 아니라 편안하고 행복한 마음을 주는 이것이 지계바라밀입니다.

또한 이 세상 모든 일이 허깨비와 같은 줄 알고 어떤 형상에도 속지 않고 내 마음을 내려놓고 사는 사람들은, '나'라고 내세우는 생각이 없어 다른 사람과 다툴 일이 없습니다. 속이고 때리고 모욕을 주어도 맞부딪쳐 화를 내는 '나'란 것이 없으므로, 다른 사람이 볼 때는 억지로 참고 사는 모습으로 보일 수도 있겠지만, 정작 당사자는 '나'란 것이 없어 조금도 동요하는 마음이 없습니다. 세상 사람들은 이 모습을 보고 인욕으로 부처님의 세상으로 들어간 분이라고 생각합니다. 이것이 인욕바라밀입니다.

셋째, 부처님의 법을 모든 사람에게 알리고자 하는 법보시는 정진, 선정, 지혜바라밀에 해당이 됩니다. 보살행을 잊지 않고 언제나 부처님의 법을 쉬지 않고 알리는 것이 정진바라밀이고, 부처님의 법을 쉬지 않고 알리면서도 쓰는 마음자리는 어떤 역경에서도 항상 흔들림이 없어 고요한 마음이니 선정바라밀이며, 부처님의 법을 쉬지 않고 세상에 알리면서도 늘 고요한 마음을 지니는 모습 자체가 지혜바라밀이기 때문입니다.

베풂 속에 육바라밀 들어 있기에
온갖 수행 알고 보면 보시하는 삶
모름지기 이런 삶을 살 수 있다면
어찌하여 못 깨칠까 걱정을 하랴.

## ❤ 보시란 집착하는 마음을 버리는 것

보시바라밀에 육바라밀이 다 들어 있다는 것은, 그 안에 온갖 수
행을 다 갖추고 있다는 뜻입니다. 도대체 보시라는 것이 무엇이기
에 이런 힘이 있는지 궁금합니다. 대주 스님은 이 궁금증을 풀어
줍니다.

問 布施何物. 答 布施 却二性.
보시하물　　　보시 각이성

問 云何是二性.
운하시이성

答 布施 却善惡性 布施 却有無性 愛憎性 空不空性 定不
보시 각선악성 보시 각유무성 애증성 공불공성 정부

定性 淨不淨性. 一切悉皆施却 卽得二性空.
정성 정부정성 일체실개시각 즉득이성공

若得二性空時 亦不得作二性空想 亦不得作念有施想
약득이성공시　역부득작이성공상　역부득작념유시상

卽是眞行檀波羅蜜 名萬緣具絶.
즉시진행단바라밀 명만연구절

萬緣具絶者 卽一切 法性空 是也.
만연구절자 즉일체 법성공 시야

法性空者 卽一切處無心 是.
법성공자 즉일체처무심 시

若得一切處無心時 卽無有一相可得 何以故.
약득일체처무심시 즉무유일상가득 하이고

爲自性空故 無一相可得. 無一相可得者 卽是實相
위자성공고 무일상가득 무일상가득자 즉시실상

實相者 卽是如來妙色身相也.
실 상 자 즉 시 여 래 묘 색 신 상 야

金剛經 云 離一切諸相 卽名諸佛.
금 강 경 운 이 일 체 제 상 즉 명 제 불


**문**: 보시란 무엇입니까?
**답**: 두 가지 성품에 집착하는 마음을 버리는 것이다.


**문**: 두 가지 성품에 집착하는 마음을 버린다는 것이 무엇입니까?
**답**: 보시는 선과 악에 집착하는 마음을 버리고, 유와 무, 사랑과 증오, 공空과 불공不空, 선정과 산란, 깨끗함과 더러움 이 모든 것에 집착하는 마음을 버리는 것이다. 이 모든 것을 다 버린다면 곧 '온갖 성품이 공空'인 줄 안다.

'온갖 성품이 공空'인 줄 알 때 '온갖 성품이 공'이라는 생각조차 내지 않으며, 또한 보시했다는 생각조차 내지 않는 것이 곧 참으로 '단바라밀'을 실천하는 것이니, 이를 일러 '온갖 인연이 다 끊어졌다'고 한다. '온갖 인연이 다 끊어졌다'는 것은 곧 '모든 법의 성품이 공'이라는 것이다. '모든 법의 성품이 공'이라는 것은 곧 어디에도 집착할 마음이 없다는 것이다. 어디에도 집착하는 마음이 없을 때, 곧 한 모습도 얻을 수 있는 것이 없다.

무엇 때문인가? 자성이 공空이니 한 모습도 얻을 수 있는 게 없기 때문이다. 한 모습도 얻을 수 있는 게 없다는 것이 곧 실상이니, 실상이란 곧 여래의 오묘한 색신의 본디 모습이다.

이를『금강경』에서 "온갖 모습을 떠난 것 이를 일러 '부처님'이라고
한다."라고 하였다.

바라밀波羅蜜은 'Paramita'의 음역으로서 부처님 세상으로 건너
간다는 뜻이니, 육바라밀은 보시 지계 인욕 정진 선정 지혜 이 여
섯 가지 수행으로 부처님의 세상으로 건너간다는 것입니다. 보시
바라밀 속에 나머지 다섯 바라밀이 전부 들어 있다고 말하는데 도
대체 보시란 무엇일까요?

대주 스님은 '두 가지 성품에 집착하는 마음을 버리는 것'이라고
했습니다. 두 가지 성품이란 선과 악, 유와 무, 사랑과 증오 등 상대
적 개념으로 양립하는 모든 법의 성품을 통틀어 말한 것입니다.
온갖 법은 인연 모여 생겨난 것이지 그 실체가 없는 공성空性입니
다. 그러므로 두 가지 성품이 모두 공空인 것입니다. 텅 빈 공空이니
가질 것이 없고 집착할 마음이 있을 수 없습니다. 저절로 집착하는
마음이 떨어지는 것이지요. 집착하는 마음이 없는 것이 부처님의
마음이니, 이 마음에서 나오는 삶이 진정한 보시입니다.

보시를 할 때는 차별하는 마음이 없어야 합니다. 모든 중생을 한
몸처럼 알고 자비로운 마음으로 베풀어야 합니다. 그 힘으로 모든
집착을 버려야 합니다. 집착이 버려질 때 인연으로 만들어진 온갖
법의 성품이 '공空'인 줄 저절로 알게 됩니다. 여기서 지극정성을

다하여 모든 것을 베풀어도 베풀었다는 생각을 낼 수 없으니, 이것이 '참다운 보시'이며 아상我相으로 드러난 집착하는 온갖 인연이 다 끊어진 것입니다.

보시하는 삶은 깨달음이요, 부처님의 삶이며, 자신의 마음이 깨끗해지는 것입니다. 마음이 깨끗하므로 어디에도 집착하는 마음이 없습니다. 집착하는 마음이 없으므로 한 모습도 얻을 수 있는 게 없습니다. 온갖 것이 공이요, 자신의 성품도 공이기 때문이니, 이것이 삶의 실상입니다. 이 실상이 부처님의 겉모습으로 드러나는 오묘한 색신의 본래 모습입니다. 이것을 『금강경』에서 "온갖 모습에 대한 집착을 떠난 것을 부처님이라 한다."라고 말한 것입니다. 이 도리를 알면 한 법에서 천 가지, 만 가지 온갖 법을 다 녹일 수 있습니다. 보시 하나로 온갖 수행을 다 갖출 수 있고, 화두 하나로 온갖 번뇌를 타파할 수 있습니다. 집착이 떨어진 자리에 영원한 행복이 있습니다.

생색내고 보시하여 천상에 가도
그 복덕은 허공에 쏜 화살 같으니
지은 복덕 다 받으면 추락하는 삶
다음 생에 원치 않는 과보 받으리.

온갖 모습 그 실체가 공인 줄 알아

어디에도 걸림 없어 여여 한 마음
집착 없는 마음으로 보시를 하니
보시하는 그 자리가 부처님 세상.


💜 보시만 잘해도 온갖 법을 다 갖추니


보시하는 모습도 좋지만, 더 중요한 것은 보시하는 사람에게 집
착하는 마음이 없어야 합니다. 이 마음이 인연 따라 세상에 드
러나는 모습을 가지고 보시 지계 인욕 정진 선정 지혜라고 이름
을 붙이는 것이지, 집착이 없는 마음자리에서는 다 똑같은 것입
니다.


問 佛說 六波羅蜜 今云何說 一卽能具足.
　　불설 육바라밀 금운하설 일즉능구족

　　願說一具六法之因.
　　원설일구육법지인

答 思益經 云 網明尊 爲梵天言
　　사익경 운 망명존 위범천언

　　若菩薩 捨一切煩惱 名檀波羅蜜 卽是 布施.
　　약보살 사일체번뇌 명단바라밀 즉시 보시

　　於諸法 無所起 名尸羅波羅蜜 卽是 持戒.
　　어제법 무소기 명시라바라밀 즉시 지계

　　於諸法 無所傷 名羼提波羅蜜 卽是 忍辱.
　　어제법 무소상 명찬제바라밀 즉시 인욕

於諸法 離相 名毘離耶波羅蜜 卽是精進.
어 제 법 이 상 명 비 리 야 바 라 밀 즉 시 정 진

於諸法 無所住 名禪波羅蜜 卽是禪定.
어 제 법 무 소 주 명 선 바 라 밀 즉 시 선 정

於諸法 無戱論 名般若波羅蜜 卽是智慧.
어 제 법 무 희 론 명 반 야 바 라 밀 즉 시 지 혜

是名六法 今更名六法不異.
시 명 육 법 금 갱 명 육 법 불 이

문: 부처님께서 육바라밀을 말했는데, 지금 어떻게 하나의 바라밀에 모든 것을 다 갖출 수 있다고 하십니까? 바라옵건대 그 까닭을 알려 주시옵소서.

답: 『사익경』에서 망명 보살이 범천에게 말하였다.

보살이 모든 번뇌를 버리면 '단바라밀'이라 하니, 곧 보시이다. 온갖 법에 일으키는 망상이 없으면 '시라바라밀'이라 하니, 곧 지계이다. 모든 법에서 마음을 다치는 일이 없으면 '찬제바라밀'이라 하니, 곧 인욕이다. 온갖 법에서 집착하는 모습을 떠나면 '비리야바라밀'이라 하니, 곧 정진이다.

모든 법에 머물러 집착할 것이 없으면 '선바라밀'이라 하니, 곧 선정이다. 온갖 법에서 말장난이 없으면 '반야바라밀'이라 하니 곧 지혜이다. 이를 모두 합해 '육바라밀'이라고 하나 지금 이 '여섯 가지 법이 다르지 않다'고 말한 것이다.

一捨 二無起 三無傷 四離相 五無住 六無戲論 如是六法 隨
일사 이무기 삼무상 사이상 오무주 육무희론 여시육법 수

事方便 假立名字 至於妙理 無二無別.
사방편 가립명자 지어묘리 무이무별

但知 一捨卽一切捨 無起卽一切無起 迷途 不契 悉謂有差.
단지 일사즉일체사 무기즉일체무기 미도 불계 실위유차

愚者 滯其法數之中 卽長輪生死 告汝學人.
우자 체기법수지중 즉장륜생사 고여학인

但修檀之法 卽萬法 周圓 況於五法豈不具耶.
단수단지법 즉만법 주원 황어오법기불구야


첫째 온갖 번뇌를 버리고, 둘째 일으키는 망상이 없으며, 셋째 마음을 다치는 일이 없고, 넷째 집착하는 모습을 벗어나며, 다섯째 머물러 집착할 것이 없고, 여섯째 말장난이 없는 것, 이와 같은 육바라밀 법은 현실의 인연에 따른 방편으로 임시로 쓰는 개념일 뿐, 오묘한 도리 부처님 마음자리에서는 그 내용이 서로 다를 것이 없다. 다만 하나를 버리면 모든 것을 버리고, 한 생각 일으키는 것이 없으면 곧 어떤 생각도 일으키는 일이 없다는 것을 알고 있을 뿐이다. 그런데 어리석은 사람들은 이 도리를 몰라 모두 서로 다른 것이라고 한다.

이들은 방편으로 설한 여섯이라는 숫자에 걸려 영원토록 생사윤회를 한다. 학인들에게 알리노라. '단바라밀'만 잘 닦는다면 곧 온갖 법이 두루 오롯하게 성취될 것인데, 하물며 나머지 다섯 가지 바라밀이 어찌 이 '단바라밀'에 다 갖추어지지 않겠느냐.

'단·시라·찬제·비리야·선·반야'는 범어를 한문 발음으로 음사한 표현이며, 그 뜻은 앞에서부터 순서대로 보면 '보시·지계·인욕·정진·선정·지혜'입니다. 이들 가운데 어느 하나만 잘 실천해도 부처님의 세상으로 들어갈 수 있으니, 육바라밀 하나하나가 부처님의 마음에서 나온 것이기 때문입니다.

중생의 마음에서 보시바라밀로 온갖 번뇌를 버리면 그 자리서 부처님의 마음이 드러납니다. 부처님의 마음은 중생의 망상이 없으므로 망상이 없는 그 마음에서 드러나는 아름다운 삶을 살아갑니다. 이것이 지계바라밀입니다. 번뇌와 망상이 없어 '나'라고 내세울 게 없으니 어떤 어려운 상황이 닥치더라도 '나'란 것 때문에 마음을 다치는 일이 없게 됩니다. 이것이 인욕바라밀입니다.

번뇌와 망상이 없어 '나'란 것 때문에 다칠 일이 없고, 그 마음이 중단되지 않으며, 이런 삶을 계속 이어가는 것이 정진바라밀입니다. 내 마음에 번뇌와 망상이 없고 마음 다치는 일이 없이, 그 마음을 편안하고 행복하게 계속 이어가는 것이 부처님의 마음입니다. 이것을 선정바라밀이라고 합니다.

이런 모습으로 세상에서 살아가는 삶은 그 자체로 어떤 어려움도 극복할 수 있고, 세상 사람들의 본보기가 되는 향기롭고 지혜로운 삶이므로 이런저런 군더더기 말이 필요하지 않습니다. 이것이 지혜바라밀입니다. 이처럼 육바라밀 내용은 현실의 인연에 따른 방편으로 임시로 쓰는 개념일 뿐 부처님 마음자리에서는 그 내용이 서로 다를 것이 없습니다.

> 보시하는 그 마음은 부처님 세상
> 계율 지녀 인욕으로 살아가는 삶
> 끊임없이 행복하고 아름다워라
> 정진 속에 선정 있어 지혜롭다네.

🏵 육바라밀에 대한 부대사의 게송

그동안 보시바라밀을 통한 육바라밀을 이야기해 왔습니다. 부처님 세상으로 건너가게 해주는 육바라밀 가운데 으뜸은 보시바라밀이지만 지계·인욕·정진·선정·지혜바라밀 또한 제각각 나머지 다섯 바라밀을 온전하게 갖추고 있습니다.

이와 같은 내용은 양나라 황제에게 금강경을 설하셨던 부대사(497-569)의 게송에서도 찾아볼 수 있습니다.

> 보시
> 육바라밀 빠짐없이 보시로써 실천할 새
> 육도만행 묶어 보면 세 종류의 보시일 뿐

재물보시 무외보시 법보시로 나눠지니
형색이나 소리로써 나타낼 것 아니라네.

이쪽저쪽 자기주장 내세워도 아니 되고
'중도'라는 마음에도 머물러선 아니 되니
생사 없는 극락정토 찾으려고 마음 낼 땐
경계 떠난 마음 자체 그 실상을 볼지어다.

지계
아름다운 부처님 삶 맑고 맑아 깨끗하니
오랜 세월 닦아 왔던 그 공부가 인연이라
망상이란 공부 길에 원수 같고 도적 같아
탐욕 애욕 많을수록 극락왕생 멀어지네.

욕망 속에 살면서도 자기 욕심 전혀 없고
번뇌 속에 살면서도 번거로운 일이 없어
방편으로 아름다운 부처님 삶 의지하여
이 힘으로 온갖 법의 왕이 되어 살아가리.

인욕
참는 마음 허깨비나 꿈결처럼 실체 없고
욕된 경계 알고 보면 거북이 털 같으므로

마음자리 늘 살피며 끊임없이 공부하면
어려움에 봉착해도 그 수행은 견고하리.

그를 것도 전혀 없고 옳을 것도 전혀 없어
낮을 것도 전혀 없고 높을 것도 전혀 없이
탐욕 성냄 그 도적을 남김없이 없애려면
칼날 같은 반야지혜 끊임없이 닦아가라.

정진
불꽃처럼 치열하게 수행하며 나가는 길
지혜 광명 환한 빛이 펼쳐지는 모습이라
근본지[1]와 후득지는 마음속의 가야 할 길
'공 도리'는 온갖 경계 떨쳐내는 수단일세.

무명 번뇌 생각마다 그 자리서 사라지고
깊고 얕은 알음알이 집착할 일 없어지니
삶 속에서 마음 챙김 끊임없이 지속되면
어찌 다만 무여열반 이르는 데 그칠쏘냐.

---

1. '근본지根本智'는 늘 고요하면서도 신령스런 앎이 있는 지혜이며 '바른 바탕에 있는 지혜'로 근본무분별지 또는 무분별지라고 말하기도 한다. 그 자체가 진리로서 절대적 지혜이니 이는 '후득지後得智'는 물론 모든 지혜가 나오는 근본이 된다. 후득지는 세간의 차별을 잘 아는 지혜로 '깨달은 뒤에 중생을 돕고자 하는 지혜'이다.

선정
거친 파도 몰아치며 큰 물결이 일더라도
부처님의 마음자리 늘 맑으며 고요하니
깨달음의 성품에서 맑은 정신 생겨남에
한 생각을 쉰 곳에선 어리석은 번뇌 없네.

두루 경계 집착한 것 헛된 분별 집착이니
예로부터 거짓으로 잠시 이름 붙여 논 것
인연 따라 이것들이 일어난 줄 알게 되면
부처님의 마음자리 어디 가서 찾으리오.

지혜
밝고 맑은 태양처럼 타오르는 지혜 등불
그 앞에서 몸과 마음 신기루와 같은 모습
밝은 빛에 동굴 속의 천년 어둠 사라지듯
모든 번뇌 잠시 머물 겨를조차 전혀 없네.

아직까지 망념들이 마음속에 남았다면
너와 나란 모습들로 온갖 분별 하겠지만
밝고 묘한 지혜로써 오롯하게 비춘다면
오직 하나 한결같은 텅 빈 충만뿐이로다.

## 온갖 만행을 닦아나가는 게송

아승지겁 세 번 흘러 헤아릴 수 없는 세월
쉬지 않고 온갖 행을 다 갖추어 닦아 옴에
'너'와 '나'란 실체 없는 허깨비라 깨닫고서
이로부터 영원토록 성스런 도 의지하네.

아공我空 법공法空 시나브로 성스런 도 증득함에
삼매 속에 걸림 없어 노는 삶이 자유로워
기쁜 마음 그 속에서 처음으로 살게 되니
영원토록 늘 즐거워 온갖 근심 다 잊는다.

집착 놓아 상이 없는 참 보시를 논하자면
그 공덕은 지극하여 헤아리기 어려우니
대자비를 베풀어서 가난한 이 구제하되
모름지기 오는 과보 챙길 마음 갖지 마라.

범부들의 알음알이 하열하고 하열해서
칭찬하여 말하는 것 처음부터 삼가노라
보시하는 참모습을 이 자리서 알려 하니
허공처럼 그 공덕은 시방세계 두루 하다.

부대사는 육바라밀 게송을 설한 후 온갖 만행을 닦아가는 게송을 통해 집착 없는 보시 하나로 부처님 세상으로 갈 수 있음을 다시 한번 강조하고 있습니다. 이와 같은 형식으로 조계총림 송광사 전 방장이신 구산 스님께서도 우리말 칠바라밀 게송을 지으셨습니다. 지금도 송광사에서는 매일 아침 공양 뒤에 그날에 해당하는 칠바라밀 게송을 대중이 모두 함께 낭송하고 있습니다. 이것이 송광사 대중이 하루를 살아가는 삶의 지침이 되니 그 내용을 소개하겠습니다.


### 머리말

사람마다 나름대로 나란 멋에 살건마는 이 몸은 언젠가는 한 줌 재가 아니리. 묻노라 주인공아, 어느 것이 '참나'인고? 나란 정의와 한계와 가치를 알고 올바른 길을 택하여 진실한 희망의 길로 갑시다.


### 보시 _월요일

오늘은 베푸는 날입니다. 법보시, 내 마음을 줍시다. 아공我空하여 마음을 보시하면 만법이 유심소조唯心所造입니다. 재보시, 물건을 아낌없이 줍시다. 착상着相하면 유루복有漏福이요 무주상無住相하면 무루복無漏福이니 냉수나 걸레처럼 줍시다. 무외시, 마음과 육신까지도 아낌없이 보시하면 절대의 복과 지혜로 너와 내가 없는 대자대비가 되니 보시의 행을 닦읍시다.

지계 _화요일

오늘은 올바름의 날입니다. 규율과 예의범절을 지킵시다. 계는 어둠을 지켜주는 등불이고 바다를 건너는 배이며, 병자의 약이고 성현이 되는 사다리이며, 비 오는 데 우산이고 자성을 깨우치는 길이며, 자신의 칠보장엄이고 생사해탈의 길잡이입니다. 살생, 도둑질, 사음, 거짓말, 음주를 금하여 지계의 행을 닦읍시다.

인욕 _수요일

오늘은 참는 날입니다. 욕됨과 온갖 억울함과 번뇌를 참읍시다. 참는 것은 자아를 깨우치는 길이고 모든 선업을 성취하는 길이며, 성불도생成佛度生의 공덕을 성취합니다. 투쟁하지 말고 양심을 속이지 말 것이며, 시비하지 맙시다. 뜻은 태산과 같이 굳게 세우고 마음을 바다와 같이 넓혀서 모든 어려움을 포용하여 인욕의 행을 닦읍시다.

정진 _목요일

오늘은 힘쓰는 날입니다. 보시, 지계, 인욕을 게으르게 하지 말고 정밀하게 밀고 나갑시다. 정진에 대분심과 대용맹심과 대의심을 내면 자아를 깨우치는 힘과 임무에 충실한 힘이 되니, 바닷물을 푸고 보배 구슬을 찾는 힘을 냅시다. 방법은 첫째 진실, 둘째 근면, 셋째 인내, 넷째 검소, 다섯째 연구, 여섯째 찬탄, 일곱째 근학의 일곱 가지로 노력하여 정진의 행을 닦읍시다.

## 선정 _금요일

오늘은 안정의 날입니다. 사물의 진정한 이치를 깨우치고 마음을 안정합시다. 몸이 청정하고 마음이 깨끗해야 지혜가 밝아집니다. 안심입명은 지분知分과 지족知足과 팔풍八風의 세파에 부동하여 허영심이 없어야 부동지인 마음을 깨우칩니다. 말을 함부로 하는 혀는 나 죽이는 도끼가 되니, 입은 병입과 같이 말이 없고 뜻은 성문과 같이 굳게 닫읍시다.

## 지혜 _토요일

오늘은 슬기의 날 입니다. 선과 악을 잘 판단하여 마음이 깨끗한 것이 부처요, 마음의 밝은 빛이 법이요, 마음에 걸림이 없는 것이 도임을 깨달읍시다. 밝은 슬기는 삼독[탐욕, 성냄, 어리석음]을 끊는 칼이 됩니다. 지나간 7일의 행위를 결산하고 앞으로 7일의 행사를 설계합시다.

**만행 _일요일**

오늘은 봉사의 날입니다. 자비심으로 남의 좋은 일을 찬탄하고, 외롭고 불쌍한 사람을 도웁시다.

**끝말**

사자 뿔 베고파서 칼을 찾는 저 장부야,
얼빠진 장승에게 누가 찾아 주리오.
자아를 깨우쳐 남에게 은혜를 베풀고
금수강산에 낙원을 이룩합시다.

칠바라밀은 아침 공양을 마치고 먼저 머리말을 읽은 뒤, 생활불교의 길 가운데 각 요일에 해당하는 내용을 읽고 나서 끝말을 읽으시면 그날의 낭송이 마무리됩니다. 우리 불자들이 칠바라밀을 삶의 지침으로 삼고 살아간다면 날마다 좋은 날이 될 것입니다.

# 10장. 계율, 선정, 지혜를 함께 쓰다
三學

부처님의 세상을 아는 그 자리에서 바로 깨쳐 더 이상 공부할 것이 없는 것이 '돈오돈수'입니다. 그러나 부처님의 세상을 안 듯하지만 확실한 자기 체험이 없는 사람은 수행을 통하여 깨쳐나가는 과정이 필요합니다.

이 과정에서 참선 수행이 필요한데, 모든 경전과 어록에서는 참선 수행자가 먼저 계율을 지켜야 한다며 계율의 중요성을 말하고 있습니다. 계율을 잘 지켜야 마음이 편안해져 고요한 선정으로 들어갈 수 있으며, 마음이 고요해야 사물을 있는 그대로 지켜볼 수 있는 지혜가 생기기 때문입니다.

그러므로 계율과 선정과 지혜는 하나의 몸통과 같아서 동시에 배워 나가는 것이라고 하여 삼학三學이라고 말합니다. 아직 배워 나가는 중생의 입장에서는 계율, 선정, 지혜가 각각 따로 닦아나가는 것처럼 보일 수 있지만, 대주 스님께서는 이 삼학이 부처님 마음자리에서 동시에 쓰여야 함을 이야기하고 있습니다.

問 三學等用 何者是三學 云何是等用.
  삼 학 등 용  하 자 시 삼 학  운 하 시 등 용

答 三學者 戒定慧 是也.
  삼 학 자  계 정 혜  시 야


문: 삼학三學을 함께 동시에 쓰는 것이라고 하는데, 삼학이 무엇이

며 함께 동시에 쓴다는 것은 무엇을 말합니까?

답: 삼학은 계율, 선정, 지혜 이 세 가지를 말한다.


問 云何是戒定慧.
  운 하 시 계 정 혜

答 淸淨無染 是戒. 知心不動 對境寂然 是定.
  청 정 무 염  시 계  지 심 부 동  대 경 적 연  시 정

  知心不動時 不生不動想 知心淸淨時 不生淸淨想
  지 심 부 동 시  불 생 부 동 상  지 심 청 정 시  불 생 청 정 상

  乃至善惡 皆能分別 於中 無染 得自在者 是名爲慧也.
  내 지 선 악  개 능 분 별  어 중  무 염  득 자 재 자  시 명 위 혜 야

  若知戒定慧體俱不可得時 卽無分別者 卽同一體
  약 지 계 정 혜 체 구 불 가 득 시  즉 무 분 별 자  즉 동 일 체

  是名三學等用.
  시 명 삼 학 등 용


문: 계율, 선정, 지혜는 무엇을 말합니까?

답: 맑고 깨끗하여 오염된 마음이 없는 삶을 계율이라고 하며, 흔들

리지 않는 본디 마음을 알고 바깥 경계에 대하여 고요한 마음이 지

속되는 것을 선정이라고 한다.

혼들리지 않는 본디 마음을 알 때 마음이 혼들리지 않아 고요하다는 생각도 내지 않고, 맑고 깨끗한 마음을 알 때 마음이 맑고 깨끗하다는 생각조차 내지 않으며, 선과 악을 모두 분별하되 그 가운데 집착하는 마음이 없어 자재한 것을 지혜라고 한다.

만약 계율과 선정과 지혜의 바탕이 얻을 수 없는 것임을 알고 분별할 게 없다면, 곧 이 세 가지는 동일한 바탕이다. 이를 일러 삼학을 함께 쓴다고 한다.

이 내용은 보조 스님이 말씀하신 '수상정혜隨相定慧'와 '자성정혜自性定慧'라는 개념과도 일맥상통합니다. 수상정혜는 '중생의 근기에 따라[隨相] 드러나는 선정과 지혜[定慧]'로서, 이것은 중생의 마음 상태를 말합니다.

여기서 부처님의 선정과 지혜로 나아가기 위해서는 많은 수행이 필요한데, 선정의 힘보다 지혜가 부족하면 지혜의 힘을 키우는 쪽으로 수행을 하고, 선정보다 지혜의 힘이 많으면 선정의 힘을 키우는 쪽으로 수행을 하여 선정과 지혜의 균형을 맞춰 가야 합니다.

선정과 지혜의 힘이 완전해져 수행이 끝날 때 부처님의 본디 마음자리에서 선정과 지혜를 함께 쓰는 것이 자성정혜입니다. 지금 대주 스님은 부처님의 마음자리에서 계율, 선정, 지혜를 말하고 있으므로 자성정혜를 말하는 것입니다.

서산대사도 『선가귀감』에서 이런 계정혜戒定慧 삼학에 대하여 "마음에 아무런 흔적도 없어 분별이 일어날 일이 없는 것을 '계율' 이라 하고, 분별하여 집착하는 일 없어 헛된 생각이 없는 것을 '선 정'이라 하며, 거짓말하지 않고 있는 그대로의 마음을 드러내는 것을 '지혜'라고 한다."라고 하였습니다.

계율은 부처님의 마음을 훔치는 도둑을 잡는 것이요, 선정은 잡 은 도둑을 감옥 속에 묶어 놓는 것이며, 지혜는 부처님의 마음을 훔치는 도둑을 죽여 없애는 것입니다. 계율이란 그릇이 먼저 올 곧고 굳세어야 선정이란 마음이 점차 맑고 깨끗해지고, 이 마음 이 맑고 깨끗해져야 밝은 지혜가 그 속에서 드러납니다. 계율, 선 정, 지혜 이 세 가지 배움이야말로 진실로 온갖 번뇌를 없앨 수 있 는 것입니다.

계율을 부처님의 근본 마음자리에서 이야기하기 때문에 대주 스 님도 관행적으로 쓰는 오계나 십계라고 말하지 않고 "맑고 깨끗 하여 오염된 마음이 없는 삶이 계율이요, 오염된 마음이 없어 늘 흔들리지 않는 고요한 마음이 선정이며, 그 가운데 집착하는 마음 이 없어 자재한 것이 지혜이다."라고 말한 것입니다.

　　부처님의 마음자리 선정이 되고
　　이 마음이 빛나면서 지혜가 되니

아름다운 부처님 삶 계율이 되어
계율 선정 지혜 모두 한마음일세.

# 11장. 생멸이 없는 지혜로운 마음

## 無生心

아름다운 부처님의 삶을 본보기로 삼아 그 모습대로 살아가면 편안하고 고요한 마음속에 늘 행복이 넘칩니다. 이 고요한 마음만 지닌다면 세상살이 온갖 희로애락, 생로병사 그 어디에도 걸림 없는 자유로운 삶이니, 시시때때로 일어나고 사라지면서 갖가지 번뇌를 일으키는, 생멸하는 마음이 없습니다[無生心]. 이 '생멸이 없는 마음'에 대하여 대주 스님은 말합니다.

♥ 좋거나 나쁘다는 생각 자체가 조금도 없다

問 若心住淨時 不是着淨否.
　　약 심 주 정 시　불 시 착 정 부

答 得住淨時 不作住淨想 是不着淨.
　　득 주 정 시　부 작 주 정 상　시 불 착 정

문: 깨끗한 마음일 때, 깨끗한 마음에 집착하는 것이 아닙니까?
답: 깨끗한 마음일 때 '깨끗한 마음에 머문다는 생각'을 내지 않으면 '깨끗한 마음에 집착하지 않는 것'이다.

101

問　心住空時　不是着空否.
　　심 주 공 시　불 시 착 공 부

答　若作空想　卽名着空.
　　약 작 공 상　즉 명 착 공


**문:** 마음이 공空일 때, 공空에 집착하는 것이 아닙니까?

**답:** 공空이라는 생각을 낸다면 '공空에 집착하는 것이다.


問　若心得住無住處時　不是着無住處否.
　　약 심 득 주 무 주 처 시　불 시 착 무 주 처 부

答　但作空想　卽無有着處.　汝若欲了了識無所住心時
　　단 작 공 상　즉 무 유 착 처　　여 약 욕 료 료 식 무 소 주 심 시

　　正坐之時　但知心　莫思量一切物　一切善惡　都莫思量.
　　정 좌 지 시　단 지 심　막 사 량 일 체 물　일 체 선 악　도 막 사 량


**문:** '머물 곳이 없는 데'에 마음이 머물 때, '머물 곳이 없는 데'에 집착
하는 것이 아닙니까?

**답:** 오로지 공空이어서 실체가 없다는 생각을 내면 집착할 곳이 없
다. 그대가 만약 '머물 곳이 없는 마음'을 분명히 알고자 한다면 단정
히 앉아 있을 때, 오직 그 마음만 알 뿐이다. 어느 것도 생각하지 말고,
좋거나 나쁘다는 생각 자체가 조금도 없어야 한다.


부처님께서는 집착이 있는 것은 모두 망념이요 헛된 생각이라고
늘 강조하여 말씀하고 있습니다. 깨끗한 마음이든 공空이든 간에

거기에 집착하는 마음이 일어나는 순간 이 집착으로 말미암아 자유로운 삶을 옭아매는 번뇌가 일어납니다. 집착이 없다면 어디에도 매달려 머물려는 마음이 없고, 어디에도 그 마음이 머물지 않으니 마음이 자유로울 수밖에 없습니다.

항상 어떤 경계에도 집착하지 말라고 강조하는 까닭은, 보이는 경계의 실상이 모두 허상이기 때문입니다. 보이는 경계가 실체 없는 허상인 줄 분명히 알면 그 허상에 집착할 이유가 조금도 없습니다. 모든 경계가 오로지 공空이어서 실체가 없다는 것을 아는데 그 무엇에 집착을 하겠습니까?

본문에 나오는 '머물 곳이 없는 마음'은 집착이 없는 마음을 말합니다. 조용히 앉아 집착이 없는 마음만 챙기면 어떤 망념도 일어나지 않으니 좋거나 나쁘다는 생각 자체가 일어나거나 사라질 것이 조금도 없습니다. 이것이 생멸 없는 마음인 무생심無生心입니다.

『육조단경』에도 무생심을 보여주는 좋은 일화가 있습니다. 육조 스님(638-713)이 오조 홍인 스님을 모시고 행자 생활을 하다 법을 인가받고 남쪽으로 내려가면서 대유령에 도착했을 때, 우락부락한 혜명 스님이 전법의 표시로 받은 가사와 발우를 빼앗으려고 육조 스님 뒤를 쫓아 왔습니다. 이 사실을 안 육조 스님은 가사와 발우를 바위 위에 올려놓고는 '이것은 법을 상징하는 것인데 어찌 사람의 힘으로 빼앗을 수 있는 물건이겠는가?'라고 생각하며 수풀 속에 몸을 감추었습니다.

혜명 스님은 달려와 이것을 찾아 들고 가려 하였지만, 가사와 발우는 그 자리에서 조금도 떨어지지를 않았습니다. 기이한 일에 깜짝 놀란 혜명 스님은 두려운 목소리로 "행자시여, 저는 법을 위하여 온 것이지 가사와 발우를 뺏으러 온 것이 아닙니다."라고 외쳤습니다. 그 소리를 듣고 숲속에서 나온 육조 스님에게 혜명 스님은 "행자시여, 바라옵건대 저를 위하여 법을 설하여 주시옵소서."라고 간청하였습니다.

그러자 육조 스님은 다음과 같이 말하였습니다.
"그대가 법을 위하여 이 자리에 왔다면 온갖 반연을 쉬고 한 생각도 일으키지 말아야 한다. 내가 그대를 위하여 법을 설하리라. (잠깐 침묵을 지키다가) 좋은 것도 생각하지 말고 나쁜 것도 생각하지 말라. 바로 이럴 때 무엇이 그대의 본래면목인고?"

혜명은 이 말을 듣자마자 그 자리에서 바로 깨달았습니다. 좋은 것도 생각하지 말고 나쁜 것도 생각하지 않아, 좋거나 나쁘다는 생각 자체가 조금도 없는 마음이 '생멸이 없는 마음'으로서 우리의 본래면목이 드러나는 곳입니다.

좋다거나 싫다 하는 마음 때문에
사람들과 시비하다 백발이 되면
한 인생이 허망하여 흐르는 눈물
푸른 숲속 흰 봉우리 내 벗 삼으리.

❤️ 과거 현재 미래의 마음은 얻을 수 없다

'생멸이 없는 마음'이란 생겨나는 마음도 아니요, 멸하는 마음도
아닌 '참마음'을 말합니다. 이 마음은 온갖 망념이 떨어진 마음이
니 어떤 경계에도 집착하지 않는 마음입니다. 과거에도 집착하지
않고 현재에도 집착하지 않으며 미래에도 집착하지 않으니 걸림
없이 세상을 활보하며 대자유인으로 살아갈 수 있습니다. 대주 스
님은 이 장에서 이 마음을 말하고 있습니다.

過去事 已過去 而莫思量 過去心 自絶 卽名無過去事.
과 거 사 이 과 거 이 막 사 량 과 거 심 자 절 즉 명 무 과 거 사

未來事 未至 莫願莫求 未來心 自絶 卽名無未來事.
미 래 사 미 지 막 원 막 구 미 래 심 자 절 즉 명 무 미 래 사

現在事 已現在 於一切事 但知無著.
현 재 사 이 현 재 어 일 체 사 단 지 무 착

과거의 일은 이미 지나간 것이므로 생각하지 않는다면 과거의 일에
집착하는 마음은 저절로 끊어지니, 이를 일러 '과거의 일은 없다'라
고 한다. 미래의 일은 아직 오지 않았으므로 원하고 찾지 않는다면

미래에 집착하는 마음은 저절로 끊어지니, 이를 일러 '미래의 일은 없다'라고 한다. 현재의 일도 이미 눈앞에서 지나가는 일들이니 모든 일에 다만 집착할 것이 없음을 알 뿐이다.

無著者 不起憎愛心 卽是無著 現在心 自絶 卽名無現在事.
무착자 불기증애심 즉시무착 현재심 자절 즉명무현재사
三世不攝 亦名無三世也.
삼세불섭 역명무삼세야
心若起去時 卽莫隨去 去心 自絶.
심약기거시 즉막수거 거심 자절
若住時 亦莫隨住 住心 自絶 卽無住心 卽是住無住處也.
약주시 역막수주 주심 자절 즉무주심 즉시주무주처야

집착이 없다는 것은, 증오하거나 사랑하는 마음을 일으키지 않아 현재에 집착하는 마음이 저절로 끊어진 것이니, 이를 일러 '현재의 일은 없다'라고 한다. 과거 현재 미래로 묶어둘 수 없는 마음을 또한 '삼세三世가 없는 마음'이라고 한다.
만약 마음이 과거의 일을 떠올릴 때 그 마음을 집착하여 따라가지 않는다면, 과거의 일에 집착하는 마음은 저절로 끊어진다. 만약 마음이 어떤 경계에 머물 때 그 마음을 집착하여 따라가지 않는다면, 머물러 집착하는 마음이 저절로 끊어져 '머물러 집착하는 마음'이 없으니, 곧 이것이 '머물러 집착할 곳이 없는 데에 머무는 마음'이다.

『금강경』에서도 "과거심불가득過去心不可得 현재심불가득現在

心不可得 미래심불가득未來心不可得"이라는 구절이 나옵니다. 이와 관련되는 일화로는 덕산(780-865) 스님과 떡집 노파의 이야기가 유명합니다.

덕산 스님은 어려서 출가하여 모든 경에 두루 밝았지만 특히 금강경에 매우 능통하였으므로 금강경 앞에 그분의 성씨를 붙여 '주금강周金剛'이라 불렀습니다. 하루는 도반들에게 "경을 보면 오랫동안 공부하며 보살행을 실천해야 성불한다고 하였는데, 요즘 남쪽 지방 스님들은 '바로 마음을 가리켜 단숨에 성불케 한다'라고 말한다. 내가 이들의 잘못을 금강경으로 바로 잡겠다."라고 장담하고 길을 떠났습니다.

먼 길을 가다 산 입구에서 배가 고파 점심을 사 먹으려고 길가의 허름한 떡집으로 들어갔습니다. 무거운 걸망을 짊어지고 있는 허기진 스님을 보자 떡을 팔고 있던 노파는 호기심 어린 눈빛으로 "걸망에 가득 든 것이 무엇입니까?"라고 물었습니다.

덕산 스님이 "금강경 내용을 자세히 풀이한 책들입니다."라고 말하니, 노파가 다시 "금강경 공부를 많이 하신 스님이시니 저에게 금강경에 나오는 구절을 하나 일러 주시면 떡값을 받지 않고 공양을 올리겠습니다. 금강경에서 '지나간 마음은 얻을 수 없고 현재의 마음도 얻을 수 없으며 미래의 마음도 얻을 수 없다.'라고 하였는

데, 스님께서는 지금 어느 마음으로 이 떡을 드시겠습니까?"라고
물었습니다. 그 말에 말문이 꽉 막힌 덕산 스님은 금강경의 참뜻을
일러 주지 못하고 그 자리를 떠납니다.

이 일로 말미암아 노파가 일러 준대로 용담숭신 선사를 찾아가 열
심히 공부하다가 어느 날 밤 용산 선사의 전광석화와 같은 가르침
으로 망념이 사라져 선악의 경계가 끊어진 곳에서 깨달음을 얻게
됩니다.

> 빈 허공을 더듬다가 메아리를 쫓는 모습
> 애를 쓰는 사람들의 헛된 노력 안쓰럽다
> 꿈이 깨면 꿈속세상 없는 줄을 알 것인데
> 집착할 곳 없는 데서 마음 쓸 일 있겠는가.

## ♡ 머물 곳이 없는 것조차 없는 마음

대주 스님께서 "마음이 어떤 경계에 머물 때 그 경계를 집착하여
따라가지 않는다면, 머물러 집착하는 마음이 저절로 끊어져 '머물
러 집착하는 마음'이 없으니, 곧 이것이 '머물러 집착할 곳이 없는
데 머무는 마음'이다."라고 했습니다. 여기서 '머물러 집착할 곳이
없는 데에 머무는 마음'은 스님께서 언어로 부처님의 마음자리를
표현하려고 어쩔 수 없이 말한 것이지 '머무는 곳'이 있어서 머무는

108

것이 아닙니다.

다만 '머물 곳이 없는 것조차 없는 마음'은 부처님의 마음을 드러내는 진공묘유, 쌍차쌍조, 공적영지에서 온갖 시비다툼으로 일어나는 집착을 다 끊은 '쌍차雙遮', 이 집착이 다 사라져 온갖 번뇌가 텅비어 있는 '진공眞空', 이 텅 빈 마음이 고요한 '공적空寂'을 말하는 것입니다.

若了了自知 住在住時 只物住 亦無住處 亦無無住處也.
약료료자지 주재주시 지물주 역무주처 역무무주처야
若自了了知 心不住一切處 卽名了了見本心也 亦名了了見
약자료료지 심부주일체처 즉명료료견본심야 역명료료견
性也.
성야
只箇不住一切處心者 卽是佛心 亦名解脫心 亦名菩提心 亦
지개부주일체처심자 즉시불심 역명해탈심 역명보리심 역
名無生心 亦名色性空 經 云 證無生法忍是也.
명무생심 역명색성공 경 운 증무생법인시야

분명히 스스로 알고 머물 곳에 머물 때 다만 그 무엇이 머물 뿐인데, 이것은 '머물 곳이 없는 것'이며 또한 '머물 곳이 없는 것조차 없는 마음'이다.

만약 스스로 분명히 아는 그 마음이 어디에도 집착하여 머물지 않는다면, 곧 이를 일러 '분명히 본디 마음을 본 것'이라 하며, 또한 '분명히 참 성품을 본 것'이라고 한다.

다만 어디에도 집착하여 머물지 않는 마음이 곧 '부처님 마음'이며, 또한 이를 일러 '해탈한 마음', '깨달은 마음', '생멸이 없는 마음', '색에 집착하는 성품도 공空'이라고 한다. 이것을 경에서는 생멸이 없는 지혜[無生法忍]을 증득한 것이라고 말한다.

汝若未得如是之時 努力努力 勤加用功 功成 自會.
여 약 미 득 여 시 지 시 노 력 노 력 근 가 용 공 공 성 자 회

所以 會者 一切處無心 卽是會. 言無心者 無假不眞也.
소 이 회 자 일 체 처 무 심 즉 시 회　언 무 심 자 무 가 부 진 야

假者 愛憎心 是也 眞者 無愛憎心 是也.
가 자 애 증 심 시 야 진 자 무 애 증 심 시 야

但無愛憎心 卽是二性空 二性空者 自然解脫也.
단 무 애 증 심 즉 시 이 성 공 이 성 공 자 자 연 해 탈 야

그대가 아직 이와 같은 마음을 얻지 못하였을 때는 노력하고 또 노력하여 부지런히 더 공부해야 한다. 그 공부가 이루어지면 저절로 아니, '앎'이란 어디에도 집착하는 마음이 없는 것이기 때문이다.

곧 '어디에도 집착이 없는 마음'을 알고 하는 말은 '거짓'도 없고 '참'도 아니다. '거짓'이란 좋아하거나 미워하는 경계에 집착하는 마음을 말하고, '참'이란 좋아하거나 미워하는 경계에 집착하는

마음이 없어야 한다는 것을 말한다.

다만 그저 좋아하거나 미워하는 마음만 없을 뿐이니, 그 까닭은 곧 좋아하거나 미워하는 성품이 다 공이기 때문이다. 어떤 성품도 공이란 것은, 어디에도 집착할 게 없으니 저절로 모든 속박에서 벗어난다.

"'참'이란 좋아하거나 미워하는 경계에 집착하는 마음이 없어야 한다는 것을 말한다[無愛憎心].”라고 할 때와 “다만 그저 좋아하거나 미워하는 마음만 없을 뿐이니[無愛憎心], 그 까닭은 곧 좋아하거나 미워하는 성품이 다 공이기 때문이다.”라고 풀이할 때, 원문에 나오는 두 개의 무애증심無愛憎心 내용은 하늘과 땅만큼 그 뜻이 다릅니다.

앞의 '무애증심'은 '좋아하거나 미워하는 경계에 집착하는 마음이 없다'는 것에 집착하고 있는 마음이니 언젠가는 없어질 것이므로 '참마음'이 아니라는 것입니다. 반면 뒤의 '무애증심'은 '집착하는 마음이 없다는 그런 마음조차 일어나지 않는 마음입니다. 그야말로 유有와 무無를 떠난 온갖 성품이 공인 영원한 부처님의 마음자리를 이야기하는 것입니다.

그러므로 '어디에도 집착이 없는 마음'에서 나오는 말은, 그 자리에 들어맞는 임시방편으로 하는 말이므로 일정한 기준을 세워 놓고 판단하는 '거짓 마음'이나 '참마음'이 아닙니다. 그저 집착이 없는 부처님의 마음만 있을 뿐입니다. 그 마음이 빛으로 드러나는 것이 부처님의 지혜입니다. 빛나는 부처님의 지혜는 이 세상을 빠짐없이 환히 비추는 '쌍조雙照'이고, 이런 지혜로 걸림 없이 미묘하고 오묘하게 쓰는 '묘용妙用'이며, 이 쓰임새로 모든 것을 신령스럽게 아는 '영지靈知'입니다. 이런 마음을 '해탈한 마음', '깨달은 마음', '생멸이 없는 마음', '색에 집착하는 성품도 공空', '불생불멸의 지혜'라고 합니다.

눈앞 경계 좋다하여 따르지 말고
공이라도 집착해서 머물지 마라
어디에도 걸림 없이 살아간다면
가는 곳곳 해탈이라 부처님 세상.

# 12장. 늘 언제나 상주하는 부처님 마음

常住

'머물러 집착할 곳이 없는 데 머무는 마음'은 '머무는 곳'이 있어서 머무는 것이 아닙니다. 다만 중생들을 위한 방편으로 부처님 마음 자리를 부득이하게 언어로써 표현한 것입니다. 이 '머물 곳이 없는 것조차 없는 마음'은 발붙일 곳이 있는 모든 경계가 사라진 텅 빈 부처님의 마음, 공성空性을 드러내는 말인데, 이 마음은 우리에게 늘 언제나 그대로 상주하는 것이라고 대주 스님은 말합니다.

問 只坐爲用 行時 亦得爲用否.
　　지좌위용 행시 역득위용부

答 今言用功者 不獨言坐. 乃至 行住坐臥 所造運爲
　　금언용공자 부독언좌 내지 행주좌와 소조운위

　　一切時中 常用無間 卽名常住也.
　　일체시중 상용무간 즉명상주야

문: 부처님 마음은 좌선할 때만 쓰는 것입니까, 아니면 움직일 때도 쓸 수 있는 것입니까?

답: 부처님 마음을 쓴다고 말한 것은 오직 앉아서 쓰는 것만 말하지 않는다. 오고 가며 앉고 눕는 모든 삶의 현장에서 부처님 마음을

한순간도 놓치지 않고 늘 쓰고 있으니, 이를 일러 '언제나 그대로
상주하는 마음'이라 한다.

부처님의 마음은 늘 고요하고 편안하며 행복한 마음입니다. 우리
는 이런 마음을 찾기 위하여 조용한 곳에서 가만히 앉아 좌선 수행
을 해야 한다고 생각하는 경우가 참으로 많습니다. 그러다 보니
부처님 마음은 조용히 앉아 있는 곳에 있는 것이 아닌가 하는 오해
를 일으킬 수도 있습니다. 이런 잘못된 생각 때문에 "부처님의 마
음은 좌선할 때만 쓰는 것입니까, 아니면 움직일 때도 쓸 수 있는
것입니까?"라는 질문을 하게 됩니다.

여기에 대한 답변으로 대주 스님은 부처님의 마음은 우리 생활 속
에서 한순간도 떨어지지 않고 '언제나 그대로 상주하는 마음'이라
고 합니다. 눈에 보이지는 않지만 우리와 함께 늘 상주하는 부처님
의 마음을 이해하기 위해서는 『대반열반경』에서 말하는 상常·락
樂·아我·정淨의 개념을 파악하는 것이 도움이 됩니다.

『대반열반경』에서는 중도법을 부처님 성품이라 하고, 부처님
성품은 상常·락樂·아我·정淨이라고 했습니다. 여기서 언급하는
상常·락樂·아我·정淨은 부처님의 마음에서 드러나는 네 가지
공덕을 말합니다.

114

상常은, 부처님의 마음이 불생불멸이니 생겨나는 것도 아니요, 멸하는 것도 아니어서 '언제나 그대로 있는 마음[常住]'이라는 것입니다.

락樂은, 시비 분별에서 오는 집착이 다 사라진 텅 빈 마음은 집착에서 따라오는 생사의 괴로움이 존재하지 않아 언제나 즐거우니, 온갖 번뇌가 사라진 고요하고 행복한 마음 그 자체가 영원한 즐거움이라는 것입니다.

아我는, 불생불멸의 부처님 마음으로 '참나'를 삼는 것입니다. '참나'라고 말하면 자칫 '나'라는 어떤 존재를 인정하는 것이 아닌가라고 오해하는 사람도 있지만, 여기서 말하는 '참나'는 텅 빈 충만 그 법으로서 내 몸을 삼는다는 부처님의 법신法身과 같은 뜻입니다.

정淨은, 어떤 번뇌로도 오염된 적이 없이 늘 그대로 상주하고 있는 부처님의 마음이 맑고 깨끗하다는 것입니다.

이렇게 부처님의 마음은 오고 가며 앉고 눕는 모든 삶 속에서 한순간도 우리를 떠난 적이 없이 단견과 상견을 뛰어넘는 자리에 있습니다. 망상으로 일으킨 시비 분별에 휩싸여 집착하고 있는 중생만 모르고 있을 뿐이니, 『승만경』에서도 이를 강조하여 다음과 같이 말하고 있습니다.

"세존이시여, 모든 법의 흐름이 무상하다고 집착하는 것은 단견斷見이니 바른 견해가 아니며, 열반이 영원하다고 집착하는 것도 상견常見이니 바른 견해가 아닙니다. 망상으로 보기 때문에 이와 같은 견해를 내는 것인데, 망상이 사라진 여래께서는 텅 빈 각성覺性에서 드러나는 상常·락樂·아我·정淨의 네 가지 공덕을 갖추고 있을 뿐입니다."

사방에서 모여 앉아 귀를 기울여
사람마다 부처님 법 배우고 있어
여기가 곧 부처님을 뽑는 곳이라
극락정토 마음 비워 돌아가리라.

# 13장. 다섯 가지 관점에서 보는 법신

五種法身

법신이란 부처님 법으로 자신의 몸을 삼는 것을 말합니다. 눈에 보이는 형상이 아니라 머물러 있을 곳이 없다는 것조차 없는 마음, 이 마음을 다섯 가지 법신의 개념으로 대주 스님은 설명합니다.

## ♥ 다섯 종류의 법신

問 方廣經 云 五種法身 一實相法身 二功德法身 三法性
방광경 운 오종법신 일실상법신 이공덕법신 삼법성

法身 四應化法身 五虛空法身 於自己身 何者是.
법신 사응화법신 오허공법신 어자기신 하자시

答 知心不壞 是實相法身. 知心含萬象 是功德法身.
지심불괴 시실상법신 지심함만상 시공덕법신

知心無心 是法性法身. 隨根應說 是應化法身.
지심무심 시법성법신 수근응설 시응화법신

知心無形 不可得 是虛空法身.
지심무형 불가득 시허공법신

문:『방광경』에서 "다섯 종류의 법신이란 실상법신, 공덕법신, 법성법신, 응화법신, 허공법신이다."라고 하였는데, 자기 몸에서 무

엇이 여기에 해당이 됩니까?

**답**: 마음이 허물어지지 않음을 아는 것이 '실상법신'이요, 마음이 온갖 공덕의 모습을 갖추고 있음을 아는 것이 '공덕법신'이며, 마음에 옳고 그름을 분별하여 집착할 마음이 없음을 아는 것이 '법성법신'이다. 중생의 근기에 맞추어 인연 따라 법을 설하는 것이 '응화법신'이고, 마음이란 어떤 형상도 없어 얻을 수 없는 것임을 아는 것이 '허공법신'이다.

법으로 자신의 몸을 삼는 것이 부처님의 '법신'인데, 여기서 말하는 법法이란 중생의 번뇌와 고뇌를 가져오는 온갖 시비 분별이 다 사라진 텅 빈 마음을 말합니다. 이 참마음에서 맑고 밝은 광명이 뻗어 나오니 이 세상 모든 실상이 드러나 저절로 아는 부처님의 지혜가 한없이 흘러나옵니다. 대주 스님은 다섯 가지 관점에서 법신을 설명하고 있습니다.

첫 번째, 실상법신實相法身은 부처님 마음의 실상을 말합니다. 부처님 마음의 실제 모습은 자기 생각에서 일으키는 어떤 선입관으로 옳고 그름을 분별하는 마음이 다 사라진 텅 빈 마음일 뿐입니다. 텅 빈 마음이란 변하거나 허물어질 대상 그 자체가 없는 것이니 이 마음을 실상법신이라고 합니다.

두 번째, 공덕법신功德法身은 부처님 마음에서 나오는 공덕을 말합니다. 구름 한 점 없는 푸른 하늘에 떠있는 태양처럼, 맑고 밝은 부처님 마음은 온 누리를 비추며 눈앞에 삼라만상 산하대지를 있는 그대로 드러내는 힘이 있습니다. 이 힘으로 텅 빈 마음에 온갖 공덕의 모습을 빠짐없이 갖추고 있는 것을 공덕법신이라고 합니다.

세 번째, 법성법신法性法身은 부처님 마음을 법의 성품으로 이해하는 것을 말합니다. 부처님의 마음은 텅 빈 충만 그 자체를 법으로 삼으므로 그 법의 성품은 흑백으로 나누어질 어떤 성품도 없는 공성空性일 뿐입니다. 옳고 그름을 분별하여 집착할 마음이 없음을 알고, '텅 빈 마음', '공의 성품' 그 자체가 그대로 드러나는 것을 법성법신이라고 합니다.

네 번째, 응화법신應化法身은 부처님의 마음이 어떤 중생의 부름에도 감응하여 드러내는 법신을 말합니다. 중생의 다양한 근기에 맞추어 법을 설하는 모습으로 낱낱이 드러나는 것, 이를 일러 '응화법신'이라고 합니다. 중생의 인연에 따라 변하는 그 모습이 헤아릴 수 없이 많기에 천백억화신불千百億化身佛이라고도 말합니다.

다섯 번째, 허공법신虛空法身은 부처님의 마음이 텅 빈 허공처럼 어떤 형상도 없어 얻을 것이 없는 것, 이를 일러 허공법신이라 합니다.

若了此義者 卽知無證也 無得無證者 卽是證佛法法身.
약료차 의자 즉지무증야 무득무증자 즉시증불법법신

若有證有得 以爲證者 卽邪見增上慢人也 名爲外道.
약유증유득 이위증자 즉사견증상만인야 명위외도

何以故. 維摩經 云 舍利弗 問天女曰 汝何所得 何所證 辯乃
하이고 유마경 운 사리불 문천녀왈 여하소득 하소증 변내

得如是 天女答曰 我無得無證 乃得如是 若有得有證 卽於佛
득여시 천녀답왈 아무득무증 내득여시 약유득유증 즉어불

法中 爲增上慢人也.
법중 위증상만인야


이 뜻을 아는 사람이라면 곧 증득할 것이 없음을 아니, 얻을 것이 없으므로 증득할 것이 없는 사람은 곧 '부처님 법으로서 법신'을 증득한다. 만약 '증득할 것'이 있어 '얻을 것'이 있음으로써 법신을 증득한 사람이라면 곧 '삿된 견해로 잘난 체하는 사람'이니, 이를 일러 '외도'라고 한다.

무엇 때문인가? 『유마경』에서 사리불이 천녀에게 "그대가 무엇을 얻고 무엇을 증득한 것이기에 말재주가 이처럼 뛰어납니까?"라고 묻자, 천녀는 "저는 '얻은 것'이 없으므로 '증득한 것'이 없기에 이처럼 말재주가 거침이 없습니다."라고 대답하였다. 이와 같은 답변을 할 수밖에 없는 것은 만약 '얻은 것'이 있어 '증득한 것'이 있다면

곧 부처님 법에서는 '잘난 체하는 사람'이 되기 때문이다.

조금이라도 부처님 법을 '얻었다' 혹은 '알았다'고 생각하면, 그 순간 부처님 법은 집착 덩어리가 됩니다. 부처님 가르침의 본질은 사라지고 부처님 법을 안다고 잘난 체하며 다른 사람을 무시하는 마음이 일어나니, 이는 외도로서 부처님 제자가 아닙니다.

# 14장. 등각과 묘각은 다른 것인가

## 等覺妙覺

망념이 사라져 순수한 부처님 지혜가 드러나는 법신을 증득하면,
등각 또는 묘각이라고 말할 수 있습니다. 깨달음을 의미하는
등각과 묘각이 서로 다르지 않은 이치를 '반야심경'으로 살펴보
겠습니다.

問 經 云 等覺妙覺 云何是等覺 云何是妙覺.
　경　운　등각묘각　운하시등각　운하시묘각

答 卽色卽空 名爲等覺 二性空故 名爲妙覺.
　즉색즉공　명위등각　이성공고　명위묘각

又云 無覺無無覺 名爲妙覺.
우운　무각무무각　명위묘각

문: 경에서 등각等覺과 묘각妙覺을 말하는데, 무엇이 등각이고 무
엇이 묘각입니까?

답: 색色 자체가 그대로 공空인 것을 등각이라 한다. 차별되는 온갖
색의 성품이 다 공이므로, 이를 일러 묘각이라 한다. 또 '깨달을 것'
도 없고, '깨달을 것이 없다는 것'조차 없는 것, 이를 일러 묘각이라
고 한다.

問 等覺與妙覺 爲別 爲不別.
등 각 여 묘 각 위 별 위 불 별

答 爲隨事方便 假立二名 本體是一 無二無別 乃至
위 수 사 방 편 가 립 이 명 본 체 시 일 무 이 무 별 내 지

一切法 皆然也.
일 체 법 개 연 야

문: 등각과 묘각이 다른 것입니까, 아니면 같은 것입니까?

답: 형상으로 나타나는 인연 따라 임시방편으로 온갖 이름을 내세우지만 본디 바탕은 하나로서 다를 것이 없다. 온갖 법이 다 그러하다.

"색 자체가 그대로 공인 것을 등각"이라 한 것은 '반야심경'의 '색즉시공'과 같은 말입니다. 온갖 인연이 모여 생겨나는 모든 색은, 어떤 모습이라도 철저히 분석해 보면 그 실체가 존재하지 않으니, 허깨비와 같아서 공과 조금도 다를 것이 없기 때문입니다.

'묘각'을 표현한, '차별된 온갖 색의 근본 성품이[二性]' 다 공空이라는 것도 '색 자체가 그대로 공'이라는 반야심경의 '색즉시공'과 같은 말입니다. 결국 등각과 묘각은 표현만 다를 뿐 내용이 같습니다. "또 '깨달을 것이 없다는 것'조차 없는 것, 이를 일러 묘각이라고 한다."라는 것, 역시 '깨칠 것이 없다'라는 반야심경의 가르침과 같으니, 그 부분을 발췌해 풀이해 보겠습니다.

♡ 반야심경

사리자여, 인연 모여 생겨나는 모든 색은

그 실체가 없으므로 공과 다를 것이 없고 　　　　　　[色不異空]

텅 빈 공에 인연 모여 생겨나는 색이므로

이 공 또한 그대로가 모든 색과 다름없네 　　　　　　[空不異色]


색 그대로 공이면서 공 그대로 색이어라 　　　[色卽是空 空卽是色]

수상행식 온갖 마음 또한 이와 같느니라 　　　[受想行識 亦復如是]


사리자여 이와 같은 모든 법의 텅 빈 모습 　　　　　[是諸法空相]

이 공 자체 생기거나 없어질 것 아니므로 　　　　　　[不生不滅]

더럽구나 깨끗하다 집착할 것 아니면서 　　　　　　[不垢不淨]

는다거나 준다거나 그런 것도 아니더라 　　　　　　[不增不減]


이 때문에 텅 빈 공에 어떤 색도 있지 않고 　　　　[是故 空中無色]

어떤 모습 분별하는 마음조차 전혀 없다 　　　　　[無受想行識]


몸 없어서 눈 귀 코 혀 살도 뜻도 없어지고 　　　　[無眼耳鼻舌身意]

색 맛 소리 냄새 느낌 분별되는 법도 없어 　　　　[無色聲香味觸法]

육근 육경 없으므로 알음알이 영역 없네 　　[無眼界 乃至 無意識界]

알음알이 만들어 낸 무명 또한 없어지니 　　　　　　[無無明]

없는 무명 없앤다고 헛된 노력 할 것 없고 　　　　　[亦無無明盡]

무명으로 생겨나던 늙고 죽음 또한 없어                    [無老死]

늙고 죽음 없앤다고 집착할 일 아니더라                    [亦無老死盡]


늙고 죽음 없기 때문 생사 떠날 진리 없고                   [無苦集滅道]

고집멸도 없으므로 알아야 할 지혜 없어                     [無智]

지혜 자체 없으므로 얻을 것도 없으리니                     [亦無得]

얻을 것도 없는 것은 깨칠 것이 없기 때문                   [以無所得故]


알음알이가 사라진 텅 빈 마음에서는 알음알이를 일으킨 무명도 존재하지 않으니, '없는 무명'을 없애려고 헛된 노력을 할 필요가 없습니다. 무명이 사라진 그 마음 자체가 깨달음이니, 그러므로 '깨달을 것'도 없고, '깨달을 것이 없다는 마음조차 없는 것'을 묘각이라 합니다.


형상으로 나타나는 인연 따라 임시방편으로 온갖 이름을 내세우지만 그 모든 것의 본디 바탕은 텅 빈 공일 뿐이니 온갖 법이 다 그러합니다. 이 이치를 터득하여 허망하온 꿈과 같은 망념들을 멀리 떠나[遠離顚倒夢想] 마침내는 영원토록 행복한 삶을 이루는 것이 [究竟涅槃] 우리 불자들의 삶입니다.

# 15장. 설할 만한 어떤 법도 없는 것

說法

등각과 묘각의 '텅 빈 마음[眞空]'은 '부처님의 크나큰 마음[摩訶]'
이니, 이 마음은 '모든 번뇌가 차단된 곳[雙遮]'입니다. 모든 번뇌가
차단되어 '온갖 시비 분별이 사라진 고요한 마음자리[空寂]'입니
다. 이 텅 빈 마음자리에서 부처님의 반야지혜가 저절로 흘러나오
고[般若], 이 지혜의 광명으로 이 세상 모든 것을 비추어[雙照], 온갖
존재의 실체가 묘하게 드러나니[妙有] 저절로 이 모든 것을 신령스
럽게 알게 됩니다[靈知].

    問 金剛經 云 無法可說 是名說法 其義云何.
      금강경 운 무법가설 시명설법 기의운하

    答 般若體 畢竟淸淨 無有一物可得 是名無法可說.
      반야체 필경청정 무유일물가득 시명무법가설

      卽於般若空寂體中 具恒沙之用 卽無事不知 是名說法.
      즉어반야공적체중 구항사지용 즉무사부지 시명설법

      故 云 無法可說 是名說法.
      고 운 무법가설 시명설법

문: 『금강경』에서 "설할 만한 어떤 법도 없는 것 이를 일러 법을 설한
다."라고 하였는데 그 뜻이 무엇입니까?

**답**: 반야지혜의 바탕이 맑고 깨끗하여 그 무엇도 얻을 수 없는 것, 이를 일러 '설할 만한 어떤 법도 없다'라고 한다. 반야의 텅 빈 고요한 바탕에 갠지스강 모래알만큼 많은 오묘한 쓰임새를 다 갖추고 어떠한 일도 알지 못함이 없는 것, 이를 일러 '법을 설한다'라고 한 것이니, 그러므로 "설할 만한 어떤 법도 없는 것, 이를 일러 법을 설한다." 라고 한다.

'나'라는 모습에 집착하여 온갖 다툼 속에 살아가는 것이 중생의 삶입니다. 이런 삶은 언제나 고통과 함께하니, 이 괴로움에서 벗어나기 위해서는 시비 분별을 일으키는 뿌리를 철저히 끊어내야 합니다. 욕심과 성냄과 어리석은 마음의 뿌리인 아상과 아상에서 비롯된, 쌍으로 대립하는 모습을 하나도 남김없이 다 끊어낸 것을 쌍차雙遮라고 합니다. 깨끗하고 순수한 마음속으로 유입되는 온갖 시비와 번뇌를 남김없이 다 차단하여, 온갖 번뇌가 사라져 버린 텅 빈 부처님의 마음을 진공眞空이라고 합니다. 이 텅 빈 마음은 온갖 시비 분별로 일어나는 갈등과 혼란이 사라져 고요하고 편안할 수밖에 없으니 이것을 공적空寂이라고 합니다.

온갖 번뇌를 쌍차雙遮하여 텅 빈 마음인 진공眞空이 되고, 그 마음은 편안하고 고요한 부처님의 마음인 공적眞空이 되는 것이니, 결국 쌍차雙遮와 진공眞空과 공적眞空은 부처님의 마음을 드러내고자 하는 똑같은 말입니다. 중생의 분별심이 사라진 텅 빈 부처님의 마음은 옳고 그름을 따지려는 중생의 언어로는 도저히 알 수 없는 곳이며, 중생의 사량 분별로 헤아려 짐작할 수 있는 곳도 아닙니다. 그러므로 이 마음자리는 설할 만한 어떤 법도 없습니다. 이런 뜻을 드러내려고 『금강경』에서 부처님이 수보리에게 말씀하십니다.

"수보리야, 그대는 여래께서 '내가 설한 법이 있다.'라고, 이렇게 생각한다고 짐작하여 말하지 말라. 이런 생각을 내지 말아야 하니, 왜냐하면 어떤 사람이 여래께서 말씀하신 법이 있다고 하면, 이는 부처님을 비방하는 것이며, 내가 말한 것을 이해하지 못한 것이기 때문이다."

시비가 사라진 텅 빈 마음속에서는 부처님도 중생도 그 무엇도 찾을 수 없습니다. 그렇다고 아무것도 없다고 해서 아무것도 없느냐 하면 오묘하게 그렇지도 않습니다. 이 마음속에 어떤 인연이 주어지면, 인연이 주어지는 산하대지 삼라만상 온갖 것을 환하게 드러내는 묘한 쓰임새가 있습니다. 이 마음자리에서 부처님의 반야지혜가 저절로 흘러나오는 것입니다. 이 지혜의 광명으로 세상의 모든 것을 빠짐없이 비추므로[雙照], 이 빛 속에서 산하대지 삼라만상 세상의 온갖 모습이 빠짐없이 적나라하게 드러나 묘하게 있게 되니[妙有] 세상의 모든 것을 빠짐없이 하나하나 신령스럽게 알게 되는 것입니다[靈知].

이런 내용을 대주 스님은 "반야지혜로 드러나기 전 마음자리의 바탕은 맑고 깨끗하여 그 무엇도 얻을 수 없으니, 이를 일러 '설할 만한 어떤 법도 없다'라고 한다. 하지만 이 반야의 텅 빈 고요한 바탕에는 갠지스강 모래알만큼 많은 오묘한 쓰임새를 다 갖추고 있어 어떠한 일도 알지 못할 게 없다. 모든 것을 다 알 수 있어 온갖 법을 다 말할 수 있으니, 이를 일러 법을 설한다고 한다."라고 하신 것입니다.

설한 것이 있다 해도 부처님 비방
설한 바가 없다 해도 불법을 비방
있다 없다 분별하는 마음 없어야
지극한 도 그 가운데 들어 있으리.

# 16장. 금강경으로 죄업이 소멸되니

## 金剛經輕賤

"세존이시여! '더할 나위 없이 높고도 올바른 깨달음'을 얻고자 마음을 일으킨 선남자 선여인들은 어떻게 살아가야 하며 어떻게 마음을 다스려야 합니까?"

이천 년이 넘게 이어오는 수보리의 이 질문은 말법시대를 살아가는 우리 수행자에게는 아직도 간절합니다. 그리고 그 해답을 찾고자 하는 불자들에게 금강경은 더할 나위 없이 소중한 경전이 되었습니다. 이 장에서는 금강경을 받아 지녀 읽고 외움으로써 업장이 소멸되는 공덕을 말합니다.

問 若有善男子善女人 受持讀誦此經 若爲人輕賤
　　약유선남자선녀인 수지독송차경 약위인경천

　　是人 先世罪業 應墮惡道 以今世人輕賤故 先世罪業
　　시인 선세죄업 응타악도 이금세인경천고 선세죄업

　　卽爲消滅 當得阿耨多羅三藐三菩提 其義云何.
　　즉위소멸 당득아뇩다라삼막삼보리 기의운하

答 只如有人 未遇大善知識 唯造惡業 淸淨本心 被三毒
　　지여유인 미우대선지식 유조악업 청정본심 피삼독

130

無明所覆 不能顯了 故 云 爲人輕賤也.
무명소부 불능현료고 운 위인경천야

以今世人輕賤者 卽是今日發心求佛道 爲無明滅盡 三毒
이금세인경천자 즉시금일발심구불도 위무명멸진 삼독

不生 卽本心明朗 更無亂念 諸惡 永滅故.
불생 즉본심명랑 갱무난념 제악 영멸고

以今世人輕賤也 無明 滅盡 亂念 不生 自然解脫故 云 當
이금세인경천야 무명 멸진 난념 불생 자연해탈고 운 당

得菩提. 卽發心時 名爲今世 非隔生也.
득보리 즉발심시 명위금세 비격생야


문:『금강경』에서 "이 경을 받아 지녀 읽고 외우는 선남자 선여인이 만약 다른 사람들에게 업신여김과 천대를 받는다면, 이들이 지은 전생의 죄업으로는 지옥, 아귀, 축생계로 떨어져야 하겠지만, 금생에 다른 사람들이 업신여기고 천대하였으므로 이 일로 전생에 지은 죄업이 소멸되어 높고도 올바른 깨달음을 얻게 되리라."라고 하였는데 그 뜻이 무엇입니까?


답: 아직 훌륭한 선지식을 만나지 못한 사람은 나쁜 업만 지어, '본디 맑고 깨끗한 마음'이 탐욕, 성냄, 어리석음의 무명에 덮여 그 마음을 드러낼 수 없으므로, "다른 사람들에게 업신여김과 천대를 받는다."라고 말한다. "금생에 다른 사람들이 업신여기고 천대하였으므로 이 일로 전생의 죄업이 소멸되어 깨달음을 얻으리라."라고 한 것은, 금일 도 닦을 마음을 내자 무명이 다 사라지고 탐욕, 성냄, 어리

석은 마음이 생기지 않으니, 곧 본디 마음이 밝아져 다시 망념이 없어 모든 악이 영원히 사라졌기 때문이다.

금생에 사람들이 업신여기고 천대하였지만, 이 일로 발심하여 무명이 사라지고 망념이 생겨나지 않아 자연히 해탈하므로 "깨달음을 얻게 되리라."라고 말한 것이다. 곧 '도 닦는 마음을 드러낼 때'를 금생이라 하지 한 생을 건너뛰어 말한 것이 아니다.

"다른 사람들에게 업신여김과 천대를 받는다."라는 것은, 사람마다 지닌 '본디 맑고 깨끗한 부처님의 마음'을 드러내 줄 훌륭한 선지식을 미처 만나지 못하여 탐욕과 성냄과 어리석음으로 살아가고 있다는 것입니다. 왜냐하면 금강경을 아무리 열심히 읽고 있더라도 이들이 전생에 지은 과보로 지옥, 아귀, 축생계로 떨어질 업이 아직 많이 남아 있기 때문입니다.

그런데 다른 사람이 업신여기고 천대를 하더라도, 오히려 이 일로 발심하여 전생의 죄업을 없애고 그 자리에서 바로 깨달음을 얻을 수 있습니다. 또한, '도 닦는 마음을 낼 때'가 금생이라는 것은, 다음 생이 아니라 지금 당장 그 마음을 내라는 것입니다. 전생의 죄업이 있더라도 금강경 이치로 한 생각 돌이킬 때 그 자리에서 온갖 죄업이 사라져 깨달음을 얻기 때문입니다.

육조 스님은 이 부분에 대하여 "전생의 업장이 무거운 사람은 금생에 경전을 받아 지녀 외우더라도 다른 사람의 업신여김을 받는다. 그러나 이 사람은 경전의 가르침대로 배우고 실천하여 늘 모든 중생을 공경하고 옳고 그름을 시비하지 않으면서 수행하므로, 전생부터 금생의 모든 죄업까지 다 소멸할 수 있다."라고 말하였습니다.

'나라는 모습에 집착하는 것'이 없어 업을 짓지 않고 온갖 장애를 끊어 깨달음을 이루는 것은, 모두 경을 받아 지녀 읽고 외움으로써 얻게 되는 힘에서 나옵니다.

> 잘못 지은 전생 과보 업장 있어도
> 지극정성 금강경을 받아 지님에
> 잠시라도 사람들이 업신여기면
> 그 자리서 지은 죄가 가벼워지네.

> 공성에서 생겨나는 인연을 알면
> 온갖 집착 알음알이 없앨 수 있어
> 어느 때나 반야지혜 기대어 사니
> 깨달음을 얻지 못할 일이 있을까?

# 17장. 여래의 다섯 가지 눈

如來五眼

우리 마음에서 무명 번뇌를 없애면 무명으로 인한 고통의 세계가 사라지고 늘 행복한 부처님의 세상이 눈앞에서 펼쳐집니다. 보고 듣는 것이 다 부처님 마음에서 이루어지니 세상에 다툴 일이 없어 삶 자체가 편안하고 향기롭습니다. 이 마음으로 보는 세상을 '여래의 다섯 가지 눈'으로 풀이합니다.

問 又云 如來五眼者 何.
　　우운 여래오안자 하

答 見色淸淨 名爲肉眼. 見體淸淨 名爲天眼.
　　견색청정 명위육안　견체청정 명위천안

　　於諸色境乃至善惡 悉能微細分別 無所染着 於中
　　어제색경내지선악 실능미세분별 무소염착 어중

　　自在 名爲慧眼.
　　자재 명위혜안

　　見無所見 名爲法眼. 無見無無見 名爲佛眼.
　　견무소견 명위법안　무견무무견 명위불안

문: 여래의 다섯 가지 눈이란 무엇을 말합니까?

답: 대상을 보고 그 색이 맑고 깨끗한 줄 아는 것, 이를 일러 '육신의

눈[肉眼]'이라고 한다. 대상을 보고 그 바탕이 맑고 깨끗한 줄 아는 것, 이를 일러 '하늘의 눈[天眼]'이라고 한다. 어떤 경계나 온갖 선악에서 모든 것을 자세히 분별할 수 있으면서 조금도 집착이 없어 그 가운데 자유자재한 것, 이를 일러 '지혜의 눈[慧眼]'이라고 한다. '보되 보는 바가 없는 것', 이를 일러 '법의 눈[法眼]'이라고 한다. '보는 것'이 없고 '보는 것이 없는 것조차 없는 것', 이를 일러 '부처님의 눈[佛眼]'이라고 한다.

여기서 부처님의 다섯 가지 눈의 명칭이 다 달라 얼핏 모두 다르게 보일 수도 있습니다. 하지만 명칭만 다를 뿐 근본 내용은 다 같으니, 이는 부처님 마음자리에서 맞이하는 인연에 따라 붙인 명칭이기 때문입니다.

그 내용을 정리해 보면, 육신의 눈으로 대상을 보고 그 색이 맑고 깨끗한 줄 아는 부처님 마음이 '육신의 눈'입니다. 육신의 눈으로 대상을 보되 그 바탕의 맑고 깨끗함을 알아차리는 부처님 마음이 '하늘의 눈'입니다. 어떤 경계나 온갖 선악에서 모든 것을 분별하되 조금도 집착이 없어 자유자재한 부처님 마음이 '지혜의 눈'입니다.

온갖 법을 보되 그 바탕이 공空이므로 주객으로 집착할 것이 없어 조금도 보는 바가 없는 부처님 마음이 '법의 눈'입니다. 일체가 공

이어서 '보는 것'이 없고 '보는 것이 없다는 것조차 없는 부처님의 마음'이 '부처님의 눈'입니다. 왜냐하면 이 세상의 실상은 아무 것도 존재할 것이 없는 공空이기에, 여기서 볼 만한 것이 있다고 주장하면 허공의 꽃이나 마찬가지이기 때문입니다.

이런 입장에서 육조 스님도 『금강경』에서 오안을 다음과 같이 풀이하고 있습니다.

"어리석은 마음을 없애는 것, 이를 일러 '육신의 눈'이라 하고, 모든 중생에게 불성이 있음을 보고 애틋한 마음을 일으키는 것, 이를 일러 '하늘의 눈'이라 하며, 어리석은 마음이 일어나지 않는 것, 이를 일러 '지혜의 눈'이라 하고, 법에 집착하는 마음이 없어지는 것, 이를 일러 '법의 눈'이라 하며, 미세한 번뇌까지 다 영원히 없어져 오롯하게 밝아 모든 것을 빠짐없이 두루 비추는 것, 이를 일러 '부처님의 눈'이라고 한다.

또 몸 가운데에 법신이 있음을 보는 것, 이를 일러 '육신의 눈'이라 하고, 모든 중생이 저마다 반야의 성품을 갖추고 있음을 보는 것, 이를 일러 '하늘의 눈'이라 하며, 반야바라밀에서 삼세 온갖 법을 만들어냄을 보는 것, 이를 일러 '지혜의 눈'이라 하고, 모든 불법이 본디 저절로 갖추어져 있음을 보는 것, 이를 일러 '법의 눈'이라 하며, 자신의 참 성품이 안팎으로 밝고 환하여 '나와 남이라는 분별'이 영원히 없어진 자리를 보는 것, 이를 일러 '부처님의 눈'이라 한다."

『열반경』에서 "대승大乘을 배운 사람이라면 '육신의 눈'이라도 '부처님의 눈'이라 부른다."라고 하였습니다. 우리 일상생활 속에서 나 잘났다고 집착하는 마음만 없애면, 그 자리에서 바로 여래의 다섯 가지 눈이 갖추어지니, 생각 생각마다 여유롭고 행복한 아름다운 부처님의 삶이 드러날 것입니다.

　　밝은 태양 못지않은 부처님 눈은
　　온갖 모습 다 보지만 바탕이 같아
　　오롯하게 밝디밝은 법계 안에서
　　그 무엇도 보지 못할 것이 없으리.


　　여래에게 다섯 가지 눈이 있지만
　　다 똑같이 검고 흰 것 분별을 할 뿐
　　그 둘 사이 다른 점이 있다고 하면
　　더운 여름 눈송이가 흩날리는 것.

# 18장. 대승과 최상승

大乘最上乘

중생의 근기에 맞추어 가르침을 주신 성문승, 연각승, 보살승 등 부처님의 온갖 법문은 방편으로 설한 것이지, 분별이 없는 부처님의 마음자리는 아닙니다. 중생의 생각으로 헤아려 알 수 있다면 아직 분별이 남아 있는 것이기 때문입니다.

중생의 경계를 뛰어넘어 '분별이 없는 부처님의 마음자리'로 들어가야 번뇌가 다 사라진 부처님의 세상이니, 여기에서 비로소 자신의 참 성품을 드러낼 수 있습니다.

이를 방편으로 일승一乘이라 말하지만, 이 일승은 성문승, 연각승, 보살승을 합쳐 말하는 삼승三乘을 상대하는 일승이 아니라, 삼승은 물론 부처님의 모든 가르침조차 초월한 자리인 최상승最上乘을 나타내는 말입니다.

대주 스님이 "대승이 보살승이요, 보살승을 증득하면 최상승이다."라고 말씀하시는 것도, 이는 '부처님의 마음자리'를 터득하면 다 같은 내용이기 때문입니다.

138

問 大乘 最上乘 其義云何.
　　대승 최상승 기의운하

答 大乘者 是菩薩乘 最上乘者 是佛乘.
　　대승자 시보살승 최상승자 시불승

問 云何修而得此乘.
　　운하수이득차승

答 修菩薩乘者 卽是大乘. 證菩薩乘 更不起觀 至無修處
　　수보살승자 즉시대승　증보살승 갱불기관 지무수처

　　湛然常寂 不增不減 名最上乘 卽是佛乘也.
　　담연상적 부증불감 명최상승 즉시불승야


문: 대승과 최상승의 뜻이 무엇입니까?

답: 대승은 보살승이요, 최상승은 불승佛乘이다.


문: 어떻게 닦아야 이들을 얻겠습니까?

답: 보살승을 닦는 것이 그대로 '대승'이다. 보살승을 증득하면 다시
는 챙길 마음이 없어 더 닦을 마음이 없는 곳에 이르니, 그 마음이
늘 깊고 맑고 고요하여 더 늘거나 줄지 않는다. 이를 일러 '최상승'이
라 하니 곧 '불승'이다.


'대승'에서 대大는 부처님의 마음이고, 승乘은 이 부처님의 마음에
모든 중생을 태워 극락정토로 데리고 간다는 뜻입니다. 곧 대승은
'부처님의 마음으로 뭇 삶을 다 행복한 세상으로 데려간다'는 뜻입
니다.

'보살승'에서 '보살'은 성불하여 극락정토로 들어가기 위하여 끝없이 자기 수행을 해가면서 동시에 부처님의 법을 모르는 사람들을 빠짐없이 제도하여 그들과 함께 성불하려는 수행자를 말합니다. 이 보살의 마음에 중생을 모두 태워 극락정토로 데리고 간다는 뜻이 '승'입니다. 『금강경』 전체 대의를 나타내는 대승정종분大乘正宗分에서 부처님도 수보리에게 이런 내용을 말씀하셨습니다.

"수보리야, 모든 보살은 이와 같이 그들의 마음을 다스려야 하니, 온갖 중생을 모두 '번뇌가 다 사라진 열반'에 들게 하여 제도해야겠다는 마음을 내야 한다. 이 마음으로 헤아릴 수 없이 많은 중생을 제도하지만 실로 제도된 중생은 하나도 없으니, 왜냐하면 수보리야, 만약 보살이 나라는 모습에 집착하고[我相], 남이라는 모습에 집착하며[人相], 나와 남들이 어울려 생겨나는 우리 중생이라는 모습에 집착하고[衆生相], 또는 이들 모두의 생명이 영원할 것이라는 모습에 집착한다면[壽者相] 이는 보살이 아니기 때문이다."

이 보살승을 증득하면 자신이 성불하면서 뭇 삶들도 함께 성불한다는 것이니, 여기서는 아상이 사라져 중생의 마음이 없어 더 닦을 마음이 없으므로 다시는 더 수행할 것이 없습니다. 더 챙길 마음이 없다는 것은 욕심 성냄 어리석음에서 나오는 오염된 중생의 마음 즉, 아상, 인상, 중생상, 수자상이 다 사라졌기 때문입니다. 오염된 중생의 집착이 사라진 그 자리에 부처님의 마음이 드러나니, 늘 깊고 맑고 고요하여 더 늘거나 줄지 않는 텅 빈 충만일 뿐입니다. 이 마음이 이 세상 모든 마음 가운데 가장 안락하고 행복한 최상의 마음이므로 '최상승最上乘'이라 부르기도 하고, 이 마음이 부처님의 마음이므로 '불승'이라고 말하기도 합니다.

'불승佛乘'은 또한 '일승一乘'이라 부르기도 하고, 일승과 불승을 합하여 '일불승一佛乘'이라 부르기도 합니다. 다 똑같은 부처님의 한마음에서 부처님을 강조하면 불승이라 하고, 한마음을 강조하면 일승이라 하며, 부처님과 부처님의 한마음을 모두 드러내고자 하면 일불승이라 부릅니다.

대승 불승 일승이라 말들 하지만
근본 뜻은 부처님의 마음 찾는 것
언어의 길 끊어진 곳 그 자리에서
마음 갈 길 사라져야 부처님 세상.

# 19장. 선정과 지혜를 함께 쓰다

定慧

'맑고 밝아 향기로운 지혜로운 삶'은, 분별이 없어 어디에도 집착이 없는 고요하고 행복한 마음에서 나옵니다. 이런 향기로운 삶은 선정과 지혜를 고루 함께 쓸 때 비로소 이루어지는 것임을 대주 스님은 말합니다.

問 涅槃經 云 定多慧少 不離無明 定少慧多 增長邪見
　 열반경 운 정다혜소 불리무명 정소혜다 증장사견

　 定慧等故 卽名解脫 其義云何.
　 정혜등고 즉명해탈 기의운하

答 對一切善惡 悉能分別 是慧 於所分別之處 不起愛憎
　 대일체선악 실능분별 시혜 어소분별지처 불기애증

　 不隨所染 是定 卽是定慧等用也.
　 불수소염 시정 즉시정혜등용야

문: 『열반경』에서 "선정의 힘이 많고 지혜가 적으면 무명을 벗어나지 못하고, 선정의 힘이 적고 지혜가 많으면 삿된 소견만 늘어난다. 선정과 지혜를 빠짐없이 고루 함께 쓸 때, 곧 이를 해탈이라 한다." 라고 하였는데 그 뜻이 무엇입니까?

**답:** 온갖 선이나 악의 경계에서 올바르게 분별하는 것이 지혜이고, 올바르게 분별된 곳에서 좋아하거나 싫어하는 마음을 일으키지 않기에 마음이 흔들리지 않는 것이 선정이니 곧 이것이 선정과 지혜를 빠짐없이 고루 함께 쓰는 것이다.

망념을 없애는 선정은 고요한 마음 상태를 말하고, 밝고 행복한 삶을 이루는 지혜는 그 마음이 밖으로 드러나는 모습입니다. 아직 망념이 남아 있다면 중생의 마음이니, 이 마음에서 드러나는 것은 다만 중생의 모습일 뿐입니다. 그러므로 중생은 선정의 힘이 크더라도 지혜가 없다면 아직 망념이 남아 있으므로 무명을 벗어나지 못합니다. 또한 지혜가 있더라도 선정의 힘이 적으면 외도처럼 삿된 소견만 늘어나니 중생의 삶을 벗어날 수 없습니다.

이런 중생의 삶을 벗어난 부처님의 선정과 지혜는 하나의 몸으로 둘로 나누어지지 않습니다. 비유하면 선정과 지혜는 불과 불빛의 관계와도 같습니다. 불은 불빛의 바탕이 되고 불빛은 불의 쓰임새가 되듯, 선정은 지혜의 바탕이 되고, 지혜는 선정의 쓰임새가 되는 것입니다. 선정과 지혜는 부처님 삶의 근본입니다. 분별이 없어 망념이 없는 선정은 부처님 마음이며 이 마음에서 드러난 것이 부처님 지혜인 것입니다.

그러므로 먼저 선정이 있고 나중에 지혜가 생긴다거나, 우선 지혜를 닦고 난 뒤에 선정을 이루는 것이라고 생각해서는 안 됩니다.

선정과 지혜를 나누어 각각 닦아야 한다면 부처님의 법에 두 가지 모습이 있다고 분별하는 것이니, 입으로는 그럴듯하게 말하는 것 같지만, 선정과 지혜에 집착하는 것이므로 부처님 마음이라고 볼 수 없습니다. 선정과 지혜가 차별 없이 평등한 그 근본 자리가 부처님 세상입니다.

수행자라면 스스로 깨우쳐 공부하는 데 전념할 일이지 선정과 지혜, 너와 나, 옳고 그름을 가리느라 시간을 보내서는 안 됩니다. 이것저것 중생의 알음알이로 분별한 것을 내세워 나만이 옳다고 우기고 다투기만 하면 부처님 삶과는 멀어질 뿐입니다. 평생 시비 분별로 마음이 들끓어 편안할 날이 없으니 '나 잘났다는 마음'을 내려놓지 못했기 때문입니다.

나 잘났다는 마음이 사라진 곳에는 맑고 밝은 마음만 남습니다. 이 마음이 부처님의 선정입니다. 여기서 선이나 악의 온갖 경계를 마주하여 이 모든 것의 실체가 빠짐없이 환하게 드러나 저절로 아는 것이 부처님의 지혜입니다. 환하게 드러나 저절로 아는 곳에서 좋아한다거나 싫어한다는 마음을 조금도 일으키지 않으므로 어떤 경계에도 흔들리지 않는 마음이 되니, 이것이 부처님의 선정입니다. 이를 일러 '선정과 지혜를 빠짐없이 고루 함께 쓰는 것'이라고 대주 스님은 말하고 있습니다. 선정과 지혜를 두루 갖춘 삶이 번뇌에서 벗어난 부처님 삶, 곧 해탈입니다.

> 선정으로 들어가니
> 깊은 계곡 가로질러
> 흰 구름이 걸쳐 있고
>
> 모든 집착 놓고 보니
> 맑고 시린 물속에서
> 밝은 달이 두리둥실.[1]

1. 원순, 『야부스님 금강경』, 도서출판 법공양, 2011, 214-215p

# 20장. 텅 빈 충만 선정과 지혜

鏡像定慧

'선정'이란 중생의 시비 분별이 다 사라진 텅 빈 충만 그 자체 부처님의 마음을 말합니다. 이 마음은 어떤 모습 어떤 경계도 없으므로 말로 설명할 수 없습니다. 하지만 이 마음은 한없이 맑고 밝아 온갖 것을 다 드러낼 수 있습니다. 그러나 어떤 모습이 드러나더라도 텅 빈 마음 그 자체는 조금도 영향을 받거나 흔들리는 법이 없습니다. 이런 마음이 '부처님의 선정'이라고 대주 스님은 말합니다.

問 無言無說 卽名爲定 正言說之時 得名定否.
무 언 무 설 즉 명 위 정 정 언 설 지 시 득 명 정 부

答 今言定者 不論說與不說 常定 何以故.
금 언 정 자 불 론 설 여 불 설 상 정 하 이 고

爲用定性 言說 分別時 卽言說分別 亦定.
위 용 정 성 언 설 분 별 시 즉 언 설 분 별 역 정

若以空心 觀色時 卽觀色時 亦空 若不觀色 不說不分別
약 이 공 심 관 색 시 즉 관 색 시 역 공 약 불 관 색 불 설 불 분 별

時 亦空 乃至 見聞覺知 亦復如是.
시 역 공 내 지 견 문 각 지 역 부 여 시

何以故. 爲自性空 卽於一切處 悉空.
하 이 고 위 자 성 공 즉 어 일 체 처 실 공

空卽無著 無著 卽是等用.
공 즉 무 착 무 착 즉 시 등 용

爲菩薩 常用如是等空之法 得至究竟故 云 定慧等者 卽
위 보 살 상 용 여 시 등 공 지 법 득 지 구 경 고 운 정 혜 등 자 즉

名解脫也.
명 해 탈 야

**문:** '말로 설명할 것이 없음'을 선정이라 하는데, 지금 말로 설명할 때도 선정이라 할 수 있습니까?

**답:** 지금 말한 선정이란 '말로 설명하는 것'과 '말로 설명하지 않는 것'을 논하지 않는 영원한 선정이니, 무엇 때문이겠느냐?

이는 텅 빈 마음으로 색을 볼 때 '색을 보는 그 자체'도 텅 빈 마음이고, 색을 보지 않고 설명하지 않으며 분별하지 않을 때도 텅 빈 마음이며, 보고 듣고 깨달아 아는 것도 텅 빈 마음인 것과 같다. 왜냐하면 자신의 성품이 텅 비어 있으므로 어떤 곳에서도 다 텅 빈 마음이기 때문이다.

텅 빈 마음은 집착이 없는 마음이요, 집착이 없는 마음은 선정과 지혜를 고루 함께 쓰는 부처님의 마음이다. 보살은 이처럼 선정과 지혜를 고루 함께 쓰는 텅 빈 마음 그 법으로 부처님의 마음자리를 얻게 되므로, "선정과 지혜를 고루 함께 쓰는 것이 해탈이다."라고 말한다.

말로 설명할 수 있다면 시비 분별한 것이므로 이 마음은 중생의 마음입니다. 시비 분별하지 않는 마음이 선정인데, 지금 말로 설명할 수 있는 것이 있다면 선정이라 말할 수 없는 게 아니냐는 물음입니다. 질문한 사람은 지금 '말로 설명할 것이 없는 것이 선정이라는 것'에 집착하고 있습니다. 그러므로 대주 스님께서는 이 선정은 말로 설명하는 것과 설명하지 않는 것을 논하지 않는 영원한 선정이라 말하고 있습니다. 달을 가리키는 손가락만 보고 손가락이 크고 작은 것을 가지고 논한다면 어리석기 짝이 없습니다.

부처님의 마음인 선정으로 들어가면 헤아릴 수 없이 많은 공덕이 드러나니, 이 공덕이 드러나는 모습이 부처님의 지혜입니다. 이 공덕으로 우리는 어떤 곳에서도 자유로운 삶을 살 수 있습니다. 어떤 역할이나 무슨 말을 하더라도 분별이 떨어진 선정 속에 있으므로 집착이 없어 시비 분별하는 중생의 마음이나 외도의 삿된 견해가 없습니다.

그러므로 "텅 빈 마음으로 색을 볼 때 '색을 보는 그 자체'도 텅 빈 마음"이라는 것은, 내 마음이 텅 빈 마음이므로 색으로 드러나는 온갖 경계를 보는 데 집착이 없어 텅 빈 마음속에 그 경계를 그대로 드러낼 뿐, 어떤 분별도 하지 않는다는 것입니다. 어떤 분별도 하지 않는 것은 텅 빈 마음속에 시비 분별하는 '나'가 없기 때문입니다. '나'가 없으니 내가 보고 분별하는 색으로서 어떤 경계도 있을 수 없습니다. 곧 이 자리는 주객의 경계가 사라지는 곳입니다.

중생의 알음알이로 헤아려서는 결코 이 마음을 알 수 없습니다. 시비 분별하는 마음이 사라져야 비로소 선정과 지혜를 고루 쓰며 해탈할 수 있습니다.

> 선정 지혜 이 모두는 부처님 마음
> 텅 빈 충만 그 자리에 시비가 없어
> 상서로운 빛이 나는 평화로움뿐
> 온갖 속박 벗어나니 해탈이라네.

❤️ 거울과 햇빛에 비유한 선정과 지혜

옛 스님들은 부처님의 선정과 지혜를 밝은 거울과 빛나는 햇빛에 많이 비유하고 있습니다. 범부의 알음알이 분별은 나라는 모습에 집착하는 아상이 있고, '성인의 앎'은 모든 것이 다 공空인 줄 알아 집착이 없어 텅 빈 마음 그 자체로 분별없이 있는 그대로 아는 앎입니다. 대주 스님은 이 내용을 말합니다.

今更爲汝譬喩顯示 令汝惺惺 得解斷疑.
금갱 위여비유현시 영여성성 득해단의

問 譬如明鑑照像之時 其明 動否. 答 不也.
비여명감조상지시 기명 동부      불야

問 不照時 亦動否.
　부조시 역동부

答 不也.
　불야


何以故. 爲明鑑用 無情明照. 所以 照時 不動 不照 亦不動.
하 이 고　위 명 감 용 무 정 명 조　소 이 조 시 부 동 부 조 역 부 동
何以故. 爲無情之中 無有動者 亦無不動者.
하 이 고　위 무 정 지 중 무 유 동 자 역 무 부 동 자


지금 다시 비유로 그대를 깨우쳐 의심이 없게 하겠다.


**문**: 밝은 거울이 모습을 비출 때 그 밝은 거울이 움직이는가?
**답**: 아니요, 움직이지 않습니다.


**문**: 모습을 비추지 않을 때도 움직이는가?
**답**: 아니요, 움직이지 않습니다.


그 까닭이 무엇이냐 하면, 밝은 거울이 모습을 비출 때 '알음알이 분별이 없이[無情]' 밝게 비추기 때문이다. 그러므로 비출 때도 움직이지 않고 비추지 않을 때도 움직이지 않는다. 무엇 때문이겠느냐. '알음알이 분별이 없는[無情]' 가운데는 '움직일 것'도 없고 '움직이지 않을 것'도 없기 때문이다.

티끌 하나 없는 맑고 밝은 거울에 온갖 모습이 비치어 그 모습이 드러나도 거울 자체는 조금도 움직이지 않고, 어떤 모습이 전혀 드러나지 않을 때도 움직이는 법이 없습니다. 여기서 텅 빈 밝은 거울은 선정을 비유하고 그 거울에 모습을 비추는 빛은 지혜를 비유합니다. 선정은 부처님의 마음이며, 온갖 번뇌가 사라진 텅 빈 충만 그 자체이므로 알음알이 분별없이 빛나고 있을 뿐입니다. 그러므로 마음에서 흘러나온 빛이 대상을 비출 때도 그 마음 자체는 움직이는 법이 없고, 비추지 않을 때도 움직이는 법이 없습니다. 왜냐하면 티끌 하나 없는 맑고 밝은 거울처럼 텅 빈 마음에는 알음알이 분별을 일으키는 '나'가 없기 때문이니, 어떤 경계를 비추거나 비추지 않거나 '나'란 놈이 거기에 집착하여 흔들릴 마음이 조금도 없다는 것입니다.

問 又如日光 照世之時 其光 動否.    答 不也.
　 우 여 일 광 조 세 지 시 기 광 동 부　　　불 야

문: 또 햇빛이 세상을 비출 때도 그 빛이 움직이느냐?
답: 아니요, 움직이지 않습니다.

問 若不照時 動否.    答 不也.
　 약 부 조 시 동 부　　　불 야

何以故. 爲光無情故 用無情光照. 所以 不動 不照亦不動.
하 이 고　 위 광 무 정 고 용 무 정 광 조　 소 이 부 동 부 조 역 부 동

照者 是慧 不動者 是定.
조자 시혜 부동자 시정

菩薩 用是定慧等法 得三菩提故 云 定慧等用 卽是解脫也.
보살 용시정혜등법 득삼보리고 운 정혜등용 즉시해탈야

今言無情者 無凡情 非無聖情也.
금언무정자 무범정 비무성정야


**문**: 햇빛이 세상을 비추지 않을 때도 그 빛이 움직이느냐?


**답**: 아니요, 움직이지 않습니다.


그 까닭이 무엇이냐 하면, 햇빛은 알음알이 분별이 없기[無情] 때문이다. 빛이 알음알이 분별이 없이 대상을 비추므로 움직이지 않는 것이며, 대상을 비추지 않을 때도 움직이지 않는 것이다. 비추는 것은 지혜요, 움직이지 않는 것은 선정이다.

보살이 선정과 지혜를 고루 함께 쓰는 법으로 올바른 깨달음을 얻으므로, "선정과 지혜를 함께 고루 쓰는 것이 곧 해탈이다."라고 말한다. 지금 알음알이 분별이 없다고[無情] 말한 것은 '범부의 알음알이 분별[凡情]'이 없는 것이지 '성인의 앎[聖情]'이 없는 것이 아니다.


**問** 云何是凡情 云何是聖情.
　운하시범정 운하시성정

**答** 若起二性 卽是凡情 二性空故 卽是聖情.
　약기이성 즉시범정 이성공고 즉시성정

문: 어떤 것이 '범부의 알음알이 분별'이며 어떤 것이 '성인의 앎'입니까?

답: '두 가지 성품이 다른 것이라는 마음'을 일으키면 '범부의 알음알이 분별'이며, 두 가지 성품이 공空이므로 분별이 없는 것이 '성인의 앎'이다.

티끌 하나 없는 맑고 밝은 햇빛은 세상의 온갖 모습을 비추어 그 모습이 드러나도 햇빛은 조금도 움직이는 법이 없고, 세상을 비추지 않을 때도 움직이는 법이 없습니다. 여기서 밝은 햇빛 그 자체는 선정을 비유하고 햇빛이 세상의 모습을 드러나게 비추는 것은 지혜를 비유합니다. 선정은 햇빛처럼 그림자 하나 없는 부처님의 마음이며, 허깨비 같은 온갖 번뇌가 사라진 텅 빈 충만 그 자체이니, 알음알이 분별없이 빛나고 있을 뿐입니다.

그러므로 그 마음에서 빛이 나와 비출 때도 그 마음은 움직이는 법이 없고, 비추지 않을 때도 움직이는 법이 없습니다. 왜냐하면 맑고 밝은 햇빛처럼 텅 빈 충만 그 마음에는 알음알이 분별을 일으키는 '나'가 없기 때문이니, 어떤 경계를 비추든 비추지 않든 '나'란 놈에게 거기에 집착하여 흔들릴 마음이 조금도 없기 때문입니다.

'나'란 놈이 집착하여 알음알이 분별을 일으키는 것이 범부입니다. 범부의 알음알이는 선정과 지혜 두 가지 성품에 어떤 실체가 있다고 집착하는 마음이며, 어떤 실체가 없이 공인 줄 알아 집착하는 '나'가 없이 있는 그대로 아는 마음이 '성인의 앎'입니다.

분명하게 알고 보니 아무것 없어
중생들도 없으면서 부처도 없네.

대천세계 남김없이 바다의 거품
이 자리에 모든 성현 번갯불 같아
머리 위에 톱니바퀴 돌릴지라도
선정 지혜 오롯함을 잃지 않으리.[1]

---

1. 원순, 『신심명·증도가』, 84-85p

# 21장. 말길 끊어지니 마음 갈 곳 사라져

言語道斷心行處滅

'언어도단言語道斷'이라는 말은 우리 일상에서 보통 '말도 안 되는 소리'라는 의미로 많이 쓰입니다. 말길이 끊어졌다는 글자 해석 그대로, 어이가 없어 말을 할 수 없는 경우를 일컫고 있습니다. 하지만 불가에서는 '들끓는 마음을 쉬어 마음의 분별이 사라진 곳'을 뜻하는 말로 오롯한 부처님 마음자리를 가리킵니다.

問 經 云 言語道斷 心行處滅 其義如何.
　경 운 언어도단 심행처멸 기의여하

答 以言顯義 得義 言絶. 義卽是空 空卽是道 道卽是絶言
　이언현의 득의 언절 의즉시공 공즉시도 도즉시절언

故 云 言語道斷. 心行處滅 謂得義實際 更不起觀.
고 운 언어도단 심행처멸 위득의실제 갱불기관

不起觀故 卽是無生 以無生故 卽一切色性空 色性空故
불기관고 즉시무생 이무생고 즉일체색성공 색성공고

卽萬緣俱絶. 萬緣俱絶者 卽是心行處滅.
즉만연구절 만연구절자 즉시심행처멸

**문**: 경에서 "중생의 말길이 끊어진 것은[言語道斷] 중생의 마음 갈 곳이 사라졌기 때문이다[心行處滅]."라고 하였는데, 그 이치가 무엇입니까?

**답**: 말로 이치를 드러내고 있으나 이치를 얻게 되면 말이 필요 없기 때문이다. 그 이치란 공空이요 공은 부처님의 도道이다. 부처님의 도는 말로 설명할 길이 다 끊어졌기 때문에 "말길이 끊어졌다[言語道斷]."라고 말하며, "마음 갈 곳이 사라졌다."라는 것은, 공空이라는 실제 이치를 얻으므로 다시 어떤 이치를 알고자 하는 생각을 내지 않는 것이다.

다른 생각을 내지 않으므로 곧 생멸하는 마음이 없다[無生]. 생멸하는 마음이 없으므로 곧 모든 색의 근본 성품이 공空인 줄 알고, 모든 색의 성품이 공이므로 온갖 인연이 다 끊어진다. 온갖 인연이 다 끊어진다는 것은 마음이 갈 곳이 사라졌기 때문이다[心行處滅].

부처님 마음자리는 중생의 생각으로 헤아려 알 수 있는 곳이 아니며, 중생의 알음알이로 표현할 수 있는 곳도 아닙니다. 이것을 '말로 설명할 길이 다 끊어진 곳'이라고 해서 언어도단이라고 하며, '중생의 마음 갈 곳이 사라진 곳'이라 하여 심행처멸心行處滅이라 말하기도 합니다. 불가에서는 '언어도단 심행처멸'이란 말을 함께 써서 중생의 시비 분별이 다 끊어진 부처님 마음자리를 드러냅니다. 이 자리는 중생의 알음알이로 쉽게 이렇다 저렇다 분별할 수 있는 곳이 아니기 때문입니다. 그러므로 의상 스님은 '법성게'에서 부처님 마음자리는 "오직 부처님의 지혜로만 알 수 있는 곳이지, 다른 중생의 알음알이로는 알 수가 없다[證地所智非餘境]."라고 말하고 있습니다.

우리가 무엇을 생각하든 그것은 모두 자신이 만들어내는 망념일 뿐입니다. 그것은 철저히 전생 과거부터 축적된 망상 덩어리 '나'의 지식과 경험에 의존하고 있는 것입니다. 우리가 일상적으로 쓰는 말을 잘 들여다보면 괜히 하는 소리가 없습니다. 말속에 어떤 의도가 담겨 있고 무언가 지향하는 뜻이 있습니다. 내 생각 내 의도가 들어 있기에 그 말속에 망상 덩어리 자기중심적인 '나'란 놈이 숨어 있습니다. 이로 인해 나와 너, 이익과 손해, 선과 악 등으로 분별하는 이분법적 사고로 살다 보니 우물 안 개구리처럼 다툼 속의 좁디좁은 자기 소견을 벗어나지 못합니다.

우리가 색안경을 바꿔 쓰면 세상 모든 색깔이 달라지듯, 우리 생각을 바꾸면 우리가 보던 세상의 모습도 달라집니다. 색안경이 바뀌고 생각이 바뀌면 달라지는 세상을 망상 덩어리 '나'의 관점에서 영원히 변치 않는 진실이라 고집하고 집착해서는 안 됩니다. 자기 색깔로 보는 세상만 옳다고 주장한다면, 정작 진실은 알지도 못한 채 상대방과 갈등만 일으키니, 아귀다툼의 세상이 내 앞에 펼쳐집니다.

그러므로 부처님께서 "깨달음에는 이미 결정된 법이 없다[無有定法]."라고 말씀하십니다. '결정된 법이 없다'라는 말은 '이 세상 모든 것은 고정불변의 실체가 없다'라는 공空의 뜻과 같습니다. 이 뜻을 체득해 아는 자리가 부처님의 마음자리로서 '나'가 사라진 텅 빈 마음에서 있는 그대로 아는 '앎'만 있을 뿐, 경계에 집착하는 생멸의 마음이 없습니다[無生]. 집착하고 분별하는 생멸의 마음이 없는 것은, 곧 모든 색의 근본 성품이 공空이라는 사실을 알고 있기 때문입니다. 모든 색의 근본 성품이 공이므로 여기서는 온갖 인연이 다 끊어집니다. 온갖 인연이 다 끊어진 것은 마음 갈 곳이 다 사라졌기 때문입니다[心行處滅].

이기적인 자기 생각을 놓고 시비하는 마음을 버려 부처님의 마음을 드러내는 것, 그것이 마음 닦는 이가 지니는 '언어도단言語道斷 심행처멸心行處滅'입니다.

# 22장. 부처님 성품은 변함이 없네

如如

말길이 끊어지고 마음 갈 곳이 사라진 텅 빈 마음자리가 변함없이 영원한 것을 '여여'라 합니다. 이 자리를 대주 스님은 다음과 같이 설명합니다.

問 如如者 云何.
여여자 운하

答 如如是不動義 心眞如故 名如如也.
여여시부동의 심진여고 명여여야

是知過去諸佛 行此行 亦得成道 現在佛 行此行 亦得成
시지과거제불 행차행 역득성도 현재불 행차행 역득성

道 未來佛 行此行 亦得成道 三世所修證道 無異故 名如
도 미래불 행차행 역득성도 삼세소수증도 무이고 명여

如也.
여야

維摩經 云 諸佛 亦如也 至於彌勒 亦如也 至於一切衆生
유마경 운 제불 역여야 지어미륵 역여야 지어일체중생

悉皆如也 何以故. 爲佛性 不斷有性故也.
실개여야 하이고 위불성 부단유성고야

문: 여여란 무엇을 말합니까?

답: 여여는 흔들리지 않는다는 뜻이다. 마음이 참으로 고요하고 변함이 없이 여여하므로 '여여'라고 한다. 과거 모든 부처님도 이 여여한 행을 실천하여 도를 이루시고, 현재의 부처님도 이 행을 실천하여 도를 이루시며, 미래의 부처님도 이 행을 실천하여 도를 이루신다. 과거 현재 미래의 모든 부처님이 닦아 도를 증득한 것이 이와 조금도 다를 게 없으므로, 이를 여여라고 한다.

『유마경』에서 "모든 부처님도 여여하고, 미륵보살도 여여하며, 모든 중생도 다 여여하니 무슨 까닭인가. 부처님의 성품은 끊어짐이 없이 여여한 성품이기 때문이다."라고 말하였다.


여여한 마음 그것이 본디 우리 마음입니다. 『능엄경』에서 이 마음을 알기 위해 아난은 온갖 노력을 다하여 마음을 찾습니다. 아난은 일곱 군데에서 마음을 찾았다고 부처님께 말씀드렸지만, 부처님께서는 그것은 모두 참마음이 아니라고 하셨으니, 아난이 찾은 것은 모두 망념으로서 그 실체가 없기 때문입니다.


중생의 몸과 마음 등 세간의 모든 법은 허깨비나 이슬, 꿈과 같은 것으로 임시로 인연이 모여 있을 뿐입니다. 인연이 다하면 흩어져 사라져 그 실체가 없으니, 공空과 다를 바가 없습니다. 이처럼 우리가 공空, 공空 하는 것은 망념이 다 사라진 마음자리를 말하는데, 중생의 온갖 시비 분별이 사라진 이 마음자리가 부처님입니다. 이 마음에는 어떤 것도 존재하지 않고 다만 텅 빈 모습 그대로 있을 뿐입니다. 다만 텅 빈 모습 그대로 있는 이 마음을 '여여'라고 하고, '참마음'이라고 합니다. 이 '여여한 마음에서 오신 분'이 바로 여래입니다. 시비 분별이 사라져 여여한 마음이 드러나게 되면 그 마음이 드러나는 자리가 부처님이 오신 곳이기 때문입니다.

여여 그 자리의 참마음을 얻고자 하면, 먼저 이 세상 모든 것이 환幻인 줄 알아야 합니다. 이 세상 온갖 존재가 환인 줄 알면 그 자리에서 환을 여의는 법입니다. 연기법으로 이루어진 이 세상의 실체가 환인 줄 알았다면, 더 이상 이 세상을 집착하는 중생의 꼭두각시놀음에 놀아나지 않게 됩니다. 환을 여읜 이 자리를 깨달음이라 하니, 여기서는 더 이상 집착할 깨달음도 없습니다.

중생들은 '허깨비와 같은 이 세상의 온갖 허망한 경계'에서 벗어나야 합니다. 하지만 이 허망한 경계를 멀리 벗어나려는 마음도 집착에서 생긴 것이니 이 또한 '허깨비 같은 마음'이요, 여기서도 멀리 벗어나야 합니다. 허깨비 같은 그 마음에서 '멀리 벗어나려는 것'도 '허깨비 같은 마음'이 되니, 여기에서도 다시 더 멀리 벗어나야 합니다. 멀리 벗어나려는 '허깨비와 같은 마음'을 벗어나고 또 벗어나서 더 벗어날 바 없는 곳에 다다르면, 곧 모든 '허깨비와 같은 그 마음'은 저절로 사라지는 법입니다.

모든 '허깨비 같은 마음'이 사라지면 이 자리에 아무것도 없는 것이 아니라, 본래 있던 참마음이 드러납니다. '허깨비 같은 마음'인 줄 알고 '허깨비 같은 마음'을 떠나니 방편 쓸 일이 없고, '허깨비 같은 마음'을 떠난 그 자리가 깨달음이니 점차 닦을 깨달음도 없습니다. 이런 참마음을 『금광명경』에서 '여여如如'라고 하니, 참마음은 참되고 영원하여 조금도 변하는 것이 아니기 때문입니다.

> 지극한 도 오롯하여 큰 허공 같아
> 부족하고 넘치는 게 없는 법인데
> 취하거나 버리려는 마음 있기에
> 그로 인해 여여하지 않게 된다네.[1]

---

1. 원순, 『신심명·증도가』, 14-15p

# 23장. 색色 자체가 공空

即色即空

'색 자체가 공이다'라는 말을 들으면 자연스럽게 반야심경의 '색즉시공色即是空'을 떠올리게 됩니다. 대중에게 가장 널리 알려져 친숙한 경구이지요 대주 스님은 이 '색즉시공'으로 돈오를 설명하고 있습니다.

問 即色即空 即凡即聖 是頓悟否.
　　즉색즉공 즉범즉성 시돈오부

答 是.
　　시

問 云何是即色即空 云何是即凡即聖.
　　운하시 즉색즉공 운하시 즉범즉성

答 心有染 即色 心無染 即空 心有染 即凡 心無染 即聖.
　　심유염 즉색 심무염 즉공 심유염 즉범 심무염 즉성

又云 眞空妙有故 即色 色不可得故 即空.
우운 진공묘유고 즉색 색불가득고 즉공

今言空者 是色性自空 非色滅空
금언공자 시색성자공 비색멸공

今言色者 是空性自色 非色能色也.
금언색자 시공성자색 비색능색야

문: 색色 자체가 공空이고 범부 자체가 성인이라는 것이 돈오입니까?

답: 그렇다.

문: 어떤 것이 색이며 공이고, 어떤 것이 범부이며 성인입니까?

답: 오염된 생각이 있는 마음은 색이요 오염된 생각이 없는 마음은 공이다. 오염된 생각이 있는 마음은 범부요 오염된 생각이 없는 마음은 성인이다.

참다운 공에서 묘하게 드러난 것이 색이기에 그 색은 실체가 없어 얻을 수 있는 것이 아니므로 공이라 한다. 지금 공이라고 말한 것은 색의 성품 자체가 본디 공이라는 뜻이지, 색이 사라지면서 공이 된다는 것은 아니다. 지금 색이라고 말한 것은 공의 성품 그 자체로 색이지, 색이 색을 만들 수 있는 것이 아니다.

이 장에 나오는 돈오는 깨달음을 얻은 '돈오돈수'의 입장에서 말하는 '돈오頓悟'입니다. 망념을 떨쳐 단숨에 마음을 깨치고 보니, 거기서 드러난 마음 그 자체가 부처님 마음이요, 그 마음으로 보는 세상이 온갖 차별이 떨어진 부처님 세상인 줄 안다는 것입니다.

그러므로 색으로 드러나는 모습 그 자체가 실체 없는 공이니, 색으로 드러나는 범부의 모습도 저절로 실체가 없는 공인 줄 알기에 성인이라 부른다는 것입니다.

164

우리는 일반적으로 선입관을 가지고 색과 공, 범부와 성인에 대해 "오염된 생각이 있는 마음은 색이요, 오염된 생각이 없는 마음은 공이다. 오염된 생각이 있는 마음은 범부요, 오염된 생각이 없는 마음은 성인이다."라는 대주 스님의 답변처럼 색과 공, 범부와 성인을 차별하여 생각하고 있습니다. 이런 생각은 망념으로 드러난 모습을 실체화하여 집착하고 분별해서 말하는 것이기에 중생의 영역에 속하는 것입니다.

그러나 대주스님은 이러한 중생의 망념을 시원하게 깨뜨립니다. "참다운 공, 텅 빈 마음[眞空]에서 저절로 빛이 나 그 빛 속에 인연이 주어지는 온갖 모습이 묘하게 드러나니[妙有] 이 드러난 모습을 색이라고 한다. 텅 빈 마음속에 그림자처럼 드러난 그 색은 인연 따라 잠시 모습을 드러냈을 뿐 실체가 없어 얻을 수 있는 것이 아니므로 공이라 한다."라고 덧붙여, 공을 근본 마음자리를 드러낸 돈오, 곧 부처님의 영역에서 설명하고 있습니다.

이처럼 부처님 영역에서 말하는 '공'은, '색의 성품 그 자체가 본디 공[色性自空]'이라는 뜻으로 말한 것입니다. 눈앞에 드러난 색은 원래 실체가 없는 것으로서 많은 인연이 모여 임시로 모습을 드러냈을 뿐이기 때문입니다. 많은 인연을 의지하여 드러난 모습은 원래 실체가 없습니다. 그것은 '실체가 없는 색 그 자체의 성품이 공[色性自空]'이라는 말이지, 어떤 실체가 있던 색이 없어지면서 공이

165

만들어진다는 것이 아닙니다[非色滅空].

이것은 우리한테 익숙한 반야심경의 '오온개공五蘊皆空'과도 같은 내용입니다. '오온'은 중생의 몸과 마음 작용을 말하는데, 이것은 많은 인연이 모여 잠시 생겨났을 뿐 그 실체를 분석하면 어떤 것도 존재하지 않아 공과 조금도 다를 게 없습니다. 그러므로 오온개공을 '실체 없는 몸과 마음 이 모두가 공이다'라고 풀이해야 하며, 무엇이 바뀌어서 공이 된다는 느낌을 전달하는 '오온이 모두 공하다'라고 풀이해서는 안 될 것입니다.

대주 스님 역시 "지금 공이라고 말한 것은 색의 성품 자체가 본디 공이라는 뜻이지, 색이 사라지면서 공이 된다는 것은 아니다. 지금 색이라고 말한 것은 공의 성품 그 자체로 색이지, 색이 색을 만들 수 있는 것이 아니다."라고 강조하여 말하고 있습니다. 실체 없는 우리의 몸과 마음 그 자체가 공이며, 몸과 마음의 모습이 바뀌어 공이 되는 것이 아니기 때문입니다.

그러므로 지금 돈오의 영역에서 말하는 '색'은, '공'의 성품 그 자체에서 저절로 인연이 모여 드러나는 것입니다[空性自色]. 왜냐하면 실체가 아닌 색이 어떤 색을 만들어 낼 수 있는 것이 아니기 때문입니다[非色能色].

색이 공이고 범부가 성인이듯 참 마음은 평등하여 차별이 없습니다. 이처럼 공부할 때도 자신의 참마음이 부처님인 줄 알고 수행을 한다면, 어느 날 부처님의 세상으로 들어갈 날이 있을 것입니다.

# 24장. 부처님의 마음과 끝없는 지혜

盡無盡

'법문法門'이란 부처님 가르침을 통하여 깨달음의 길을 열어주는 것입니다. 중생의 번뇌가 다 사라지게 하는 법문은 바로 '부처님 마음'입니다. 이 부처님 마음에서 나온 지혜로 중생을 제도할 때, 그것이 중생을 제도하는 쓰임새로 끝이 없는 법문입니다.

## ♥ 생멸 없는 부처님 마음자리에서 나오는 법문

問 經 云 盡無盡法門 如何.
  경 운 진 무 진 법 문 여 하

答 爲二性空故 見聞無生 是盡 盡者 諸漏盡.
  위 이 성 공 고 견 문 무 생 시 진 진 자 제 누 진

  無盡者 於無生體中 具恒沙妙用 隨事應現 悉皆具足
  무 진 자 어 무 생 체 중 구 항 사 묘 용 수 사 응 현 실 개 구 족

  於本體中 亦無損減 是名無盡. 卽是盡無盡法門也.
  어 본 체 중 역 무 손 감 시 명 무 진 즉 시 진 무 진 법 문 야

문: 경에서 말하는 '번뇌가 다 사라지는 법문[盡法門]'과 '중생을 제도하는 쓰임새로 끝이 없는 법문[無盡法門]'이란 어떤 것입니까?

**답**: ‘온갖 법의 성품이 다 공[二性空]’이므로, 보고 듣는 성품에 ‘생멸이 없는[無生]’ 마음이 ‘번뇌가 다 사라지는 법문’이다. 번뇌가 다 사라진다는 것은 온갖 망념이 다 없어졌다는 뜻이다.

‘중생을 제도하는 쓰임새로 다함이 없다’는 것은, 생멸이 없는 바탕[無生體] 부처님의 마음에 갠지스강 모래알처럼 많은 오묘한 쓰임새를 다 갖추고 있기에, 중생의 인연에 따라 그 모습을 빠짐없이 드러내 보이지만, 본 마음자리는 조금도 줄어드는 게 없는 것, 이를 일러 ‘중생을 제도하는 쓰임새로 끝이 없는 법문’이라고 한다. 이것이 곧 ‘번뇌가 다 사라지는 법문’과 ‘중생을 제도하는 쓰임새로 끝이 없는 법문’의 뜻이다.

‘번뇌가 다 사라지는 법문’은 생멸이 없는 부처님의 마음자리[無生]를 말합니다. ‘중생을 제도하는 쓰임새로 끝이 없는 법문’이란 부처님의 마음에 무량공덕이 있으므로, 중생의 인연에 따라 갠지스강 모래알처럼 많은 오묘한 쓰임새로 마음껏 중생을 제도하더라도, 그 바탕은 조금도 줄어들 게 없다는 뜻입니다. 곧 망념이 다 끊어져 부처님의 마음자리가 바로 드러나는 법문이 ‘번뇌가 다 사라지는 법문’이며, 그 자리에서 부처님의 지혜가 한없이 넘쳐흘러 모든 중생을 제도해도 그 바탕에 조금도 손실이 없는 것이 ‘중생을 제도하는 쓰임새로 끝이 없는 법문’입니다. 그러므로 ‘번뇌가 다 사라지는 법문’은 부처님의 마음이요, ‘중생을 제도하는 쓰임새로 끝이 없는 법문’은 한량없는 부처님의 지혜를 말합니다.

## ♡ 바탕은 같지만 드러나는 쓰임새가 달라

問 盡與無盡 爲一 爲別.
　진 여 무 진　위 일　위 별

答 體是一 說卽有別.
　체 시 일　설 즉 유 별

문: '번뇌가 다 사라지는 법문'과 '중생을 제도하는 쓰임새로 끝이 없는 법문'은 같습니까, 다릅니까?

답: 바탕은 같지만, 말하자면 드러나는 쓰임새가 다른 것이다.

問 體旣是一 云何說別.
　체 기 시 일　운 하 설 별

答 一者 是說之體 說是體之用 爲隨事應用故 云 體同說別.
　일 자　시 설 지 체　설 시 체 지 용　위 수 사 응 용 고　운　체 동 설 별

喩如天上一日下 置種種盆器盛水 一一器中 皆有於日
유 여 천 상 일 일 하　치 종 종 분 기 성 수　일 일 기 중　개 유 어 일

諸器中日 悉皆圓滿 與天上日 亦無差別故 云 體同. 爲隨
제 기 중 일　실 개 원 만　여 천 상 일　역 무 차 별 고　운　체 동　위 수

器立名 卽有差別 所以 有別.
기 입 명　즉 유 차 별　소 이　유 별

故 云 體同 說卽有別. 所現諸日 悉皆圓滿 於上本日 亦
고　운　체 동　설 즉 유 별　소 현 제 일　실 개 원 만　어 상 본 일　역

無損減故 云 無盡也.
무 손 감 고　운　무 진 야

170

문: 바탕이 같은데 어떻게 드러나는 쓰임새가 다르다고 말씀하십니까?

답: '같다'는 것은 '다르게 드러나는 쓰임새의 바탕'을 말하니, 다르게 드러나는 쓰임새는 바탕의 쓰임새이기 때문이다. 바탕에서 인연 따라 그 쓰임새가 다르게 나타나므로, 바탕은 같으며 그 쓰임새를 설명하는 모습은 다르다고 한 것이다.

비유하면 물을 가득 채운 온갖 형태의 그릇을 하늘에 떠 있는 해 아래에 두면, 하나하나의 그릇 가운데 모두 해가 들어 있고, 모든 그릇 속에 있는 해는 다 오롯이 하늘에 떠 있는 해와 조금도 다를 게 없는 것과 같다.

그릇 가운데 들어 있는 해는 하늘의 해와 똑같으므로 그 바탕이 같다고 말하고, 모난 그릇 둥근 그릇에 따라 해의 이름을 모난 그릇의 해, 둥근 그릇의 해라고 달리 이름 붙여 설명하면 차별이 있으므로 다른 모습이 있게 된다. 그러므로 "바탕은 같지만 설명하자면 드러나는 쓰임새가 다른 게 있다."라고 말한 것이다.

온갖 그릇 속에 드러난 모든 해가 빠짐없이 다 오롯하면서도 하늘의 해는 조금도 줄어든 게 없으니, 그러므로 그 바탕으로 '중생제도의 쓰임새로 끝이 없는 법문'이라고 말한 것이다.


'번뇌가 다 사라지는 법문'은 부처님 마음이고 '중생을 제도하는 쓰임새로 끝이 없는 법문'은 부처님의 지혜인데, 부처님의 마음에서 지혜가 흘러나와 이 지혜 속에 부처님의 마음이 늘 함께 하는 것, 이것이 걸림 없는 부처님의 법입니다. 하늘에 떠 있는 해가 그 자리에서 온갖 물그릇 속에 나타나는 해의 바탕이 되듯, 중생의 인연에 따라 온갖 쓰임새로 활용되는 부처님의 지혜 속에는 언제나 부처님의 마음이 함께 하고 있습니다.

'번뇌가 다 사라지는 법문'을 통해 깨닫게 되면, 그곳에서 지혜 광명이 뻗어 나와 뭇 삶을 행복하게 하니 그 자리가 극락정토입니다.

부처님의 모든 지혜 밝은 깨달음
깨달음의 그 성품은 끝이 없어라
무엇으로 부처님이 될 수 있을까
얻는 바가 없으므로 성불을 하지.

묘한 성품 헤아리기 어렵지마는
참 이치를 얻는다면 차별 없으니
어리석은 집착으로 살아가는 삶
잘못된 길 헤매는 이 참으로 많네.[1]

---

1. 원순, 『부대사 금강경』, 208-211p

# 25장. 부처님 법은 불생불멸이라

## 不生不滅

부처님 가르침을 드러내기 위해 선가에서는 모든 것을 부정하는 논리와 모든 것을 긍정하는 논리를 자유롭게 사용합니다. 이 장에서 대주 스님은 모든 것을 부정하는 논리로 볼 수 있는 불생불멸을, 부정하는 자리에서 긍정의 도리를 드러내는 중도의 논리로 흥미진진하게 풀이하고 있습니다.

問 經 云 不生不滅 何法 不生 何法 不滅.
　경 운 불생불멸 하법 불생 하법 불멸

答 不善 不生 善法 不滅.
　불선 불생 선법 불멸

문: 경에서 말하는 '불생불멸不生不滅'에서 어떤 법이 '불생'이며 어떤 법이 '불멸'입니까?
답: 나쁜 법이 안 생기는 것은 '불생'이요 좋은 법[善法]만 남아 없어지지 않는 것이 '불멸'이다.

問 何者 善 何者 不善.
　하자 선 하자 불선

173

答 不善者 是染漏心 善法者 是無染漏心 但無染無漏 卽是
불선자 시염루심 선법자 시무염루심 단무염무루 즉시

不善不生. 得無染無漏時 卽淸淨圓明 湛然常寂 畢竟不
불선불생  득무염무루시 즉청정원명 담연상적 필경불

遷 是名善法不滅也. 此卽是不生不滅.
천 시명선법불멸야  차즉시불생불멸

**문:** 어떤 것이 좋은 법이며 어떤 것이 나쁜 법입니까?

**답:** 나쁜 법이란 '번뇌가 있는 마음'이요 좋은 법이란 '번뇌가 없는 마음'이다. 번뇌만 없다면 나쁜 법은 생겨나지 않는다. 헛된 생각이 없고 번뇌가 없을 때는 마음이 맑고 깨끗하다. 맑고 깨끗한 부처님 마음은 오롯이 밝아 늘 맑고 고요하며 언제나 그 자리를 옮기지 않으니, 이를 일러 '좋은 법이 없어지지 않는 것'이라고 한다. 이것이 불생불멸이다.

불교에서 진리를 드러내는 부정의 논리는 중생의 잘못된 집착을 끊어주기 위한 것이고, 긍정의 논리는 중생이 알아야 할 부처님의 지혜를 보여주기 위한 것입니다. 부정의 논리로 진실을 제외한 나머지 잘못된 모든 것을 가려내 부처님 마음을 드러내고, 긍정의 논리로 진실의 본바탕을 바로 가리켜 드러내는 것이지요.

깊고 오묘한 우리의 참된 성품을 부정의 논리로 설파한 것은, 생겨나는 것도 아니요 없어지는 것도 아니라는 '불생불멸不生不滅'

이 가장 대표적입니다. 더러운 것도 아니요 깨끗한 것도 아닌 '불구부정不垢不淨'도 부정의 논리이며, 인因도 없고 과果도 없다는 '무인무과無因無果', 범부도 아니요 성인도 아닌 '비범비성非凡非聖' 역시 마찬가지입니다. 이렇게 부정함으로써 진실이 아닌 법의 자취를 남김없이 쓸어버려 중생의 온갖 잘못된 생각을 끊어 없애려는 것입니다.

반대로 온갖 잘못된 생각이 사라지고 나서 드러난 올바른 지견인 깨달음의 빛으로 세상을 환히 비추는 지견각조知見覺照, 세상의 모든 것을 남김없이 비추어 아는 신령스런 지혜의 광명인 영감광명靈鑑光明, 밝고 맑아 환하게 비추는 부처님의 지혜인 낭랑소소朗朗昭昭 그리고 숨김이 없고 당당한 부처님의 지혜로 번뇌가 없는 고요한 마음인 당당적적堂堂寂寂 등은 모두 긍정의 논리로 부처님 지혜를 표현한 것입니다.

그런데 반야심경이나 금강경의 뜻을 잘못 이해한 사람들은 부정의 논리만 깊은 도리로 삼는 경우가 있습니다. 오직 마음도 아니요 부처도 아닌 것[非心非佛], 할 일도 없고 집착할 어떤 경계도 없는 것[無爲無相], 나아가 어떤 것도 얻을 수 없다는 공空만을 종지로 삼아 중시하는 경향이 많이 있기 때문입니다. '아니다'라고 부정하는 말만 오묘한 진리로 삼고는 거기서 공부를 멈추는 것입니다. 공의 도리를 잘못 이해한 이런 사람은 대개 세상사를 냉소적이고 부정적으로 보는 일이 많아져 '오롯하게 밝은 부처님의 삶'과 멀어지게 됩니다.

> '공 도리'라 이런저런 말들 하지만
> 이 모두는 망견으로 말미암은 것
> 참된 법을 구한다고 애쓰지 말고
> 오직 하나 삿된 견해 쉬어야 하네.[1]

---

1. 원순, 『신심명·증도가』, 18-19p

# 26장. 아름다운 부처님 삶 청정한 마음

佛戒淸淨心

계율을 지켜야만 맑고 깨끗한 마음에서 빛나는 지혜로 아름다운
세상을 살아갈 수 있습니다. 그러므로 원효 스님은 『발심수행장』
에서 "시끄러운 세간의 일에서 벗어나 허공을 타고 부처님의 세상
으로 올라갈 때 계율은 좋은 사다리가 된다[棄世間喧 乘空天上 戒爲
善梯]."라고 말한 것입니다. 대주 스님은 이 장에서 계율을 지키는
진정한 불자에 대해서 이야기하고 있습니다.

問 菩薩戒云 衆生 受佛戒 卽入諸佛位 位同大覺已
　 보 살 계 운 중 생 수 불 계 즉 입 제 불 위 위 동 대 각 이

眞是諸佛子 其義云何.
진 시 제 불 자 기 의 운 하

문:『보살계』에서 "부처님의 아름다운 삶을[佛戒] 받아들인 중생
은, 곧 모든 부처님의 자리로 들어가 부처님[大覺]과 같아지니, 참
으로 모든 부처님의 제자니라[佛子]."라고 말했는데 이 뜻이 무엇
입니까?

答 佛戒者 淸淨心 是也. 若有人發心 修行淸淨行 得無所受
　 불 계 자 청 정 심 시 야 약 유 인 발 심 수 행 청 정 행 득 무 소 수

心者 名受佛戒也. 過去諸佛 皆修淸淨無受行 得成佛道.
심자 명수불계야 과거제불 개수청정무수행 득성불도

今時 有人發心 修無受淸淨行者 卽與佛功德等用 無有
금시 유인발심 수무수청정행자 즉여불공덕등용 무유

異也. 故 云 入諸佛位也 如是悟者 與佛悟同故 云 位同
이야 고 운 입제불위야 여시오자 여불오동고 운 위동

大覺已 眞是諸佛子. 從淸淨心 生智 智淸淨 名爲諸佛 亦
대각이 진시제불자 종청정심 생지 지청정 명위제불 역

名此佛子.
명차불자

**답**: '부처님의 아름다운 삶'이란 '맑고 깨끗한 마음[淸淨心]'을 말한다. 도 닦을 마음을 낸 사람이 '맑고 깨끗한 부처님의 삶'을 그대로 실천하여 '더 배워 받아들일 게 없는 부처님의 마음'을 얻은 것, 이를 일러 '부처님의 아름다운 삶을 받은 것'이라고 한다.

과거 모든 부처님도 '더 배워 얻을 게 없는 맑고 깨끗한 삶'을 실천하여 부처님의 도를 이루었다. 지금 도 닦을 마음을 내어 '더 배워 얻을 게 없는 맑고 깨끗한 부처님의 삶'을 실천하는 사람은 '부처님의 공덕'을 똑같이 쓰니 부처님과 조금도 다를 게 없다.

그러므로 "부처님의 자리로 들어간다."라고 하며, 이렇게 깨달은 사람은 부처님의 깨달음과 똑같으므로 "그 자리에서 부처님과 같아져 참으로 모든 부처님의 제자이다."라고 말한 것이다.

맑고 깨끗한 마음에서 부처님의 지혜가 생겨나니, 지혜가 맑고 깨끗한 것 이를 일러 '모든 부처님'이라 하며, 또한 '부처님의 제자'라고도 한다.

'부처님 계율[佛戒]'이라는 말을 들으면, 우리는 보통 '지키기 어려운 것'이라는 생각부터 떠올립니다. 그러다 보니 복덕과 행복을 가져다주는 계율을 부담스럽게 여겨 선뜻 받아 지닐 생각을 하지 못합니다. 계율이라는 것이 무엇인지 그 깊은 뜻을 모르다 보니 지키지 못할 약속은 아예 하지 않는 것이 낫다고 생각하는 것입니다.

사실 계율은 우리 삶을 어떤 틀을 가지고 억지로 구속하려는 것이 아닙니다. 계율은 부처님 가르침대로 아름답게 살아가는 삶의 모습으로서, 아름다운 부처님의 모습을 거침없이 이 세상에 드러내 자유롭게 살아가는 힘을 주는 것입니다.

이 계율을 통하여 부처님의 아름다운 삶을 순간순간 놓치지 않고 살아가며, 부처님 마음을 쓸 때 비로소 수행자는 부처님과 같아지니[大覺], 참으로 '모든 부처님의 아들이요, 모든 부처님의 제자[佛子]'가 됩니다. 불자들이 '맑고 깨끗한 마음[淸淨心]' 선정에서 빛나는 지혜로 아름답게 살아가는 모습이 계율입니다.

수행자가 지켜야 할 계율의 중요성을 『선가귀감』에서 다음과 같이 말하고 있습니다.

"소승은 눈에 보이는 법만 받아 계율로 삼아서 대충 겉으로 드러나는 모습만 다스리지만, 대승은 잘못 쓰는 마음을 거두는 것을 계율로 삼아서 세밀하게 그 잘못의 근원을 끊어버린다. 그러니 겉으로 나타난 법으로 지키는 계율은 몸으로 어기는 일이 없겠지만, 마음으로 지키는 계율은 생각조차 범하는 일이 없다.

사람들과 어두운 관계를 맺는 것이란 맑고 깨끗한 성품을 끊는 일이요, 살아있는 생명을 함부로 죽이는 것은 자비로운 마음을 없애는 것이다. 남의 소유물을 훔치는 것은 복덕을 없애는 것이요, 거짓말을 하는 것은 진실을 끊는 행위이다.

지혜를 완성하여 육신통을 얻을지라도 네 가지 계율을 지키지 않는다면 반드시 마도魔道에 떨어져 '깨달음으로 가는 바른 길'을 영원히 잃어버리게 된다. 이 네 가지 계율이 온갖 계율의 근본이 되므로 따로 분명하게 드러내 생각조차 범하게 하는 일이 없게 한 것이다."

그러므로 계율을 지녀 '맑고 깨끗한 부처님의 삶'을 그대로 실천한다면 '더 배워 받아들일 게 없는 부처님의 마음'을 얻을 것이며 그 자리에서 부처님의 아름다운 삶이 피어날 것입니다.

　　잘 다듬은 마음에서 드러난 덕행
　　온갖 복덕 거기에서 생겨나는 것.

# 27장. 부처님이 먼저일까, 법이 먼저일까

佛法先後

중생의 근기에 맞추어 끝없이 설한 팔만사천법문을 십이부경이라고도 하는데, 이는 부처님 법문을 서술하는 형식과 그 내용을 가지고 12가지로 분류한 것입니다. 이렇게 분류되는 모든 문자법은 부처님의 근본 마음자리 적멸법에서 나옵니다. 부처님이 깨달은 법은 적멸의 법이요, 중생을 위해 부처님이 설한 법은 문자의 법입니다. 부처님이 먼저인지 법이 먼저인지 대주 스님은 이 장에서 적멸법과 문자법에 근거하여 답하고 있습니다.

問 只是佛之與法 爲是佛在先 爲是法在先.
　 지시불 지여법　위시불재선　위시법재선

　若法在先 法是何佛所說 若佛在先 承何敎而成道.
　약법재선　법시하불소설　약불재선　승하교이성도

答 佛 亦在法先 亦在法後.
　불　역재법선　역재법후

문: 부처님과 법의 관계에서 부처님이 먼저입니까, 법이 먼저입니까? 법이 먼저라면 그 법은 어떤 부처님이 설하신 것이며, 부처님이 먼저라면 그 부처님은 어떤 법에서 도를 이루신 것입니까?

답: 부처님은 법보다 먼저 있기도 하고 뒤에 있기도 하다.


問　因何佛法先後.
　　인 하 불 법 선 후

答　若據寂滅法 是法先佛後 若據文字法 是佛先法後.
　　약 거 적 멸 법　시 법 선 불 후　약 거 문 자 법　시 불 선 법 후

　　何以故. 一切諸佛 皆因寂滅法而得成佛 卽是法先佛後.
　　하 이 고　일 체 제 불　개 인 적 멸 법 이 득 성 불　즉 시 법 선 불 후

　　經 云 諸佛所師 所謂 法也.
　　경 운 제 불 소 사　소 위　법 야

　　得成道已 然始廣說十二部經 引化衆生 衆生 承佛法敎
　　득 성 도 이　연 시 광 설 십 이 부 경　인 화 중 생　중 생　승 불 법 교

　　修行 得成佛 卽是佛先法後也.
　　수 행　득 성 불　즉 시 불 선 법 후 야


문: 무엇 때문에 부처님과 법에 앞뒤 순서가 있습니까?

답: 적멸법寂滅法에 근거하면 법이 먼저이고 부처님이 다음이지
만, 부처님이 설한 문자법文字法에 의지하면 부처님이 먼저이고
법은 다음이다.

왜냐하면 모든 부처님이 다 적멸법에서 성불하였기 때문에 법이
먼저이고 부처님이 다음이다. 그러므로 경에서 "모든 부처님이 스
승으로 삼은 것은 법이다."라고 말한다.

부처님이 도를 이루신 뒤에야 널리 십이부경十二部經을 설하여
중생을 가르치고 교화하므로, 중생이 이 법이 주는 가르침을 수행

하여 성불한다면 곧 부처님이 먼저이고 법은 다음이다.

부처님이 먼저냐 법이 먼저냐 하는 재미있는 질문입니다. 당연히 법입니다. 이는 일찍이 생겨난 것도 아니요, 뒷날 없어질 것도 아닌 불생불멸의 법을 깨쳐야 부처님이 되기 때문입니다. 이 불생불멸의 법은 중생의 망상이 다 끊어진 고요한 마음자리를 가리키는 '적멸법'입니다. 그러므로 법이 먼저이고 부처님이 다음입니다. 하지만 이 법을 깨친 부처님은 중생의 근기에 맞추어 다양한 법을 설파하였고, 이 많은 법에 의지하여 수행하는 중생들의 영역에서는, 부처님이 먼저이고 법이 그다음입니다.

> 중생 위해 부처님이 말씀하신 온갖 경전
> 깨달음에 걸림 없이 가는 길을 설파한 것
> 자주 듣고 의지하여 행하지를 않는다면
> 어느 날에 깨칠 건지 그대에게 묻고 싶소.

# 28장. 설법에 통하고 종지에도 통하는

說通宗通

부처님 마음에 통한 것을 '종통宗通'이라 하고, 이 마음에서 나오는 말이 어떤 상황에서도 거침없이 통하는 것을 '설통說通'이라고 합니다. 종통은 부처님 마음이요 설통은 부처님 지혜이니 서로 걸림이 없는 것입니다. 이것이 『돈오입도요문』에서 대주 스님이 말하는 중도의 원리입니다.

　問　云何是說通宗不通.
　　　운 하 시 설 통 종 불 통

　答　言行相違 卽是說通宗不通.
　　　언 행 상 위 즉 시 설 통 종 불 통


　問　云何是宗通說亦通.
　　　운 하 시 종 통 설 역 통

　答　言行無差 卽是說通宗亦通.
　　　언 행 무 차 즉 시 설 통 종 역 통

문: 어떤 것이 설법에 통하지만 종지에 통하지 않습니까?
답: 말과 행동이 서로 어긋나는 것은 설법에 통하지만 종지에는 통하지 않은 것이다.

문: 어떤 것이 종지에도 통하고 설법에도 통합니까?

답: 말과 행동에 서로 어긋남이 없는 것이 설법에도 통하고 종지에도 통하는 것이다.

선종은 서 있는 바로 그 자리에서 자신의 참마음을 깨닫는 것을 종지로 삼고 있습니다. 자신의 마음에서 바로 부처님의 마음으로 통하는 것을 종통宗通이라 하고, 이 마음으로 모든 중생의 괴로움을 없애 주기 위하여 막힘없이 법을 설할 수 있는 것을 설통說通이라고 합니다. 종통은 자신의 마음을 스스로 깨우친 것이요, 설통은 이 마음에서 우러나오는 말로 다른 사람의 어리석음을 깨우쳐 주는 것입니다.

종통은 부처님의 마음이고 설통은 부처님의 지혜이니, 부처님의 법을 펴서 다른 사람의 스승이 되려고 하는 사람은 반드시 종통과 설통을 함께 갖추어야만 합니다. 종통은 법을 보는 안목을 갖춘 보살들을 위한 것이고, 설통은 아무것도 모르는 초학자를 위한 방편이기 때문입니다.

법을 보는 안목을 갖춘 보살 앞에서 말로만 법을 이야기하려는 선지식이 있다면, 이는 종지에 통하지 못한 사람입니다. 종지에 통달하지 못하면 시절 인연을 알고 법을 설하는 훌륭한 법사가 될 수가 없습니다. 이런 내용을 육조 스님은 게송으로 다음과 같이 말하고 있습니다.

　　설법에는 통했으나 종지에 불통
　　먹구름이 해 가리듯 깜깜하구려
　　마음 알고 그 설법에 막힘없다면
　　구름 없는 허공 속에 떠 있는 태양.

# 29장. 말은 잘하나 실천이 못 따라가는

### 到不到

問 經 云 到不到 不到到之法 云何.
경 운 도불도 불도도지법 운하

答 說到行不到 名爲到不到. 行到說不到 名爲不到到.
설도행불도 명위도불도　행도설불도 명위불도도

行說俱到 名爲到到.
행설구도 명위도도

문:『열반경』에서 말한 '도달하되 도달하지 못한 법[到不到]'과 '도
달하지 않되 도달한 법[不到到]'은 어떤 것입니까?

답: 이치에 맞게 말은 잘하지만 실천하지 못하는 것, 이를 일러 '도달
하되 도달하지 못한 법[到不到]'이라고 한다. 실천은 잘하지만 말로
그 이치를 설명하지 못하는 것, 이를 일러 '도달하지 않되 도달한
법[不到到]'이라고 한다. 말과 행동이 모두 이치에 도달한 것, 이를
일러 '말과 행동이 도달한 법[到到]'이라고 한다.

이 장은 설통과 종통을 달리 설명한 것으로 보아도 될 것 같습니다.
이치에 맞게 말은 잘하지만, 실천이 따라가지 못하는 것을 '도달하

되 도달하지 못한 법'이라고 하니, 이는 설법에는 통하지만, 종지에는 통하지 못한 것입니다.

실천은 잘하지만, 말로 그 이치를 설명하지 못하는 것을 '도달하지 않되 도달한 법'이라고 하니, 이는 종지에는 통하지만, 설법에는 통하지 못한 것이므로, 인연이 주어진 상황에 맞추어 중생을 위하여 방편을 마음대로 쓸 수 없는 곳입니다.

설법과 종지에 모두 통하여 말과 행동이 모두 이치에 도달한 것, 이를 일러 '말과 행동이 도달한 법'이라고 하니, 부처님 마음에서 드러나는 지혜로 중생을 위하여 어떤 상황에서든 아낌없이 방편을 자유자재로 쓸 수 있는 곳입니다.

> 올바른 사람은 삿된 법을 말해도
> 삿된 법이 다 올바른 법이 되지만
> 삿된 자가 바른 법을 이야기하면
> 바른 법도 모두 삿된 법이 되니라.

> 강북에서 탱자 모습 강남에선 귤이 되니
> 봄이 옴에 모두 함께 화사한 꽃 피우노라.[1]

---

1. 원순, 『야부 스님 금강경』, 190-191p

# 30장. 유위법이나 무위법에 머물지 않아

## 不盡有爲不住無爲

유위법有爲法은 중생의 시비 분별이 남아 있는 법이고 무위법無爲
法은 시비 분별이 떨어진 부처님의 법이지만, 유위법과 무위법이
란 생각조차 떨어져야 진짜 부처님 법입니다.

問 佛法 不盡有爲 不住無爲
　　불 법　부 진 유 위　부 주 무 위

　　何者是不盡有爲 何者是不住無爲.
　　하 자 시 부 진 유 위　하 자 시 부 주 무 위

答 不盡有爲者 從初發心 至菩提樹下 成等正覺 後至雙
　　부 진 유 위 자　종 초 발 심　지 보 리 수 하　성 등 정 각　후 지 쌍

　　林入般涅槃 於中 一切法 悉皆不捨 卽是不盡有爲也.
　　림 입 반 열 반　어 중　일 체 법　실 개 불 사　즉 시 부 진 유 위 야

　　不住無爲者 雖修無念 不以無念 爲證 雖修空 不以空 爲
　　부 주 무 위 자　수 수 무 념　불 이 무 념　위 증　수 수 공　불 이 공　위

　　證 雖修菩提涅槃無相無作 不以無相無作 爲證 卽是不
　　증　수 수 보 리 열 반 무 상 무 작　불 이 무 상 무 작　위 증　즉 시 부

　　住無爲也.
　　주 무 위 야

**문**: 부처님의 법에서는 유위법을 조금도 버리지 않고, 무위법에도

189

머물지 않는다고 하는데, 이 말이 무슨 뜻입니까?

답: '유위법을 조금도 버리지 않는다'는 것은 무엇을 말하겠는가?
초발심에서 시작하여 보리수 아래에서 깨달음을 이루고 쿠시나가
라 쌍림에서 열반에 들어갈 때까지 그 가운데 어떤 법도 버리지 않
는다는 것이 곧 '유위법을 조금도 버리지 않는다'는 것이다.
'무위법에도 머물지 않는다는 것'은 무엇을 말하는가? 무념無念을
닦더라도 무념으로 증득을 삼지 않고, 공空을 닦더라도 공으로 증
득을 삼지 않으며, '깨달음' '열반' '무상無相' '무작無作'을 닦더라
도 이것들로 증득을 삼지 않는다는 것이 곧 '무위법에도 머물지 않
는다'는 것이다.

무위법과 유위법은 상대적 개념인데, 보통 무위법은 부처님의 법
이고 유위법은 중생의 법이라고 말합니다. 하지만 상대적인 무위
법과 유위법의 관념은 아직 중생의 시비 분별 속에 있는 것이므로
시비 분별을 초월한 자리에 있는 진정한 부처님의 법은 아닙니다.
유위법을 상대하여 말하는 무위법에는, 오직 이것만이 '부처님 법
이라고 집착하는 마음'이 남아 있으므로 중생의 생사를 초월한 마
음이 아니기 때문입니다. 그러므로 아직 생사가 남아 있는 무위법
에도 집착하여 머물지 말아야 합니다.

무념, 공, 깨달음, 열반, 무상無相, 무작無作을 닦더라도 이것들로

190

증득을 삼지 않는다는 것은 무엇 때문이겠습니까? 부처님 마음자리는 이름을 붙일 수도 없고 형상도 없으며 중생의 생각으로 헤아려 분별할 수 있는 것이 아니므로, 조금이라도 집착하여 머물 수 있는 곳이 없기 때문입니다. 무념, 공, 깨달음, 열반, 무상, 무작은 이름도 붙일 수 없고 형상도 존재하지 않는 부처님의 마음을, 중생한테 이해시키기 위하여 방편으로 부르는 명칭일 뿐인데, 이것에 조금이라도 집착하는 마음이 남아 있다면 공성空性인 부처님 마음과 영영 멀어지고 말 것입니다.

# 31장. 지옥이 있는가, 없는가

地獄有無

**問** 爲有地獄 爲無地獄.
위 유 지 옥 위 무 지 옥

**答** 亦有亦無.
역 유 역 무

**問** 云何 亦有亦無.
운 하 역 유 역 무

**答** 爲隨心所造一切惡業 卽有地獄
위 수 심 소 조 일 체 악 업 즉 유 지 옥

若心無染 自性 空故 卽無地獄.
약 심 무 염 자 성 공 고 즉 무 지 옥

**문**: 지옥이 있습니까, 없습니까?

**답**: 있기도 하고 없기도 하다.

**문**: 어떻게 있기도 하고 없기도 합니까?

**답**: 마음 따라 온갖 나쁜 짓을 하면 지옥이 있고, 마음에 오염된 헛된 생각이 없다면 자신의 성품이 공이므로 지옥이 없다.

『화엄경』에 "삼세 모든 부처님을 알고자 하면 온갖 법의 참 성품을 보아야 한다. 모두가 다 이 마음이 만들었음을.[若人欲了知 三世一切佛 應觀法界性 一切唯心造]"이라는 말이 나옵니다. 이 글은 야마천궁에서 구름처럼 많은 보살이 모였을 때 그들을 위하여 각림 보살이 읊은 게송입니다. 이 게송의 뜻은 '온갖 법의 참 성품'은 '공성空性'이라는 것이고, 이 텅 빈 마음에서 한 생각 어떻게 일으키는가에 따라서 부처님도 되고 지옥이나 천당도 되며 이 세상 모든 것을 만들어낸다는 것입니다. 마음을 나쁘게 쓰면 그 자리가 지옥이 되고 마음을 착하게 쓰면 그 자리가 천당이 되며 부처님처럼 마음을 쓰면 부처님의 극락정토가 된다는 것입니다.

이 도리를 깨닫고 공성인 자신의 성품을 바로 본다면 곧바로 지옥의 고통에서 벗어날 뿐만 아니라, 지옥 자체도 사라집니다. 하나의 진리, 참다운 공으로 들어가 차별하는 마음이 없으므로 천당이나 지옥도 없고 부처님이나 중생도 없습니다.

중생들이 차별하는 마음 때문에
온갖 세상 만들어서 시비하지만
부처님은 분별하는 마음이 없어
할 일 없이 한가롭고 향기로운 삶.

# 32장. 중생의 마음과 부처님의 성품

衆生佛性

이 세상 모든 법의 실체는 텅 비어 있을 뿐 생멸하여 변화할 것이 없습니다. 범부들은 이 도리를 모르고 지은 죄에 집착하여 과보를 받을까 봐 크게 두려워하지만, 텅 빈 공성은 인과의 영향을 받지 않음을 대주 스님은 말하고 있습니다.

問 受罪衆生 有佛性否. 答 亦有佛性.
　수 죄 중 생　유 불 성 부　　　역 유 불 성

問 既有佛性 正入地獄時 佛性 同入否.
　기 유 불 성 정 입 지 옥 시 불 성　동 입 부

答 不同入.
　부 동 입

문: 죄를 지은 중생도 부처님의 성품이 있습니까?
답: 그들에게도 부처님의 성품이 있다.

문: 부처님의 성품이 있다면 그 중생이 지옥에 들어갈 때 부처님의 성품도 함께 들어갑니까?
답: 함께 들어가지 않는다.

問 正入之時 佛性 復在何處.　　答 亦同入.
정입지시 불성 부재하처　　　　역동입

問 既同入 正入時 衆生受罪 佛性 亦同受罪否.
기동입 정입시 중생수죄 불성 역동수죄부

答 佛性 雖隨衆生同入 是衆生自受罪苦 佛性 元來不受.
불성 수수중생동입 시중생자수죄고 불성 원래불수

문: 중생이 지옥에 들어갈 때 부처님의 성품은 어디에 있습니까?

답: 중생과 함께 들어가기도 한다.


문: 중생과 함께 지옥에 들어갈 때, 중생이 받는 죄를 부처님의 성품도 받습니까?

답: 부처님의 성품이 중생과 함께 지옥에 들어가도, 중생은 인과법에서 스스로 지은 죄업의 고통을 받지만, 부처님의 성품은 원래부터 죄업의 고통을 받지 않는다.


問 既同入 因何不受.
기동입 인하불수

答 衆生者 是有相 有相者 即有成壞 佛性者 是無相 無相
중생자 시유상 유상자 즉유성괴 불성자 시무상 무상

者 即是空性也 是故 眞空之性 無有壞者.
자 즉시공성야 시고 진공지성 무유괴자

喩如有人 於空 積薪 薪自受壞 空不受壞也.
유여유인 어공 적신 신자수괴 공불수괴야

空 喩佛性 薪 喩衆生 故 云 同入 而不同受也.
공 유불성 신 유중생 고 운 동입 이부동수야

문: 부처님의 성품도 함께 지옥에 들어갔는데, 무엇 때문에 죄업의 고통을 받지 않습니까?

답: 중생에게는 '생멸하는 모습'이 있으며, '생멸하는 모습'이 있다는 것은 만들어지고 무너지는 게 있다는 뜻이다. 하지만 부처님의 성품은 생멸하는 모습이 없으며, '생멸하는 모습이 없다는 것'은 곧 '공성空性'이다. 이 때문에 진공眞空의 성품은 허물어져 무너질 것이 없다.

이는 마치 어떤 사람이 허공에 장작을 쌓아놓고 불을 때면, 쌓아놓은 장작은 저절로 허물어져 없어지지만, 허공은 허물어지지 않고 언제나 그대로 있는 것과 같다. 허공은 부처님의 성품에, 장작은 중생에 비유한 것이니, 부처님의 성품이 중생과 함께 지옥에 들어가더라도, 중생과 똑같이 죄업의 고통을 받는 것은 아니다.

지옥에 들어갈 때 부처님의 성품이 함께 들어가지 않는다고 답한 것은, 인과법이 적용되는 중생계에서, 중생이 지은 죄업의 과보는 중생이 그대로 받아들여야 한다는 뜻으로 말한 것입니다. 하지만 중생의 인과법도 알고 보면 망상 덩어리로 실체가 없으니, 그 근본 성품은 부처님의 성품과 똑같은 공성입니다.

인과법은 인연이 모이면 그 결과로 생겨나는 법이므로, 그 인연이 흩어지면 그 법도 사라지는 허깨비와 같아 아무런 실체가 없기 때문입니다.

인과법이 적용되는 중생에게는 '생멸하는 모습'이 있습니다. '생멸하는 모습'이 있다는 것은, 인연이 모여 생겨났다 사라졌다 하는 모습이 있다는 것입니다. 하지만 인과법이 적용되지 않는 텅 빈 부처님의 성품에는 생멸하는 모습이 없으며, '생멸하는 모습이 없다는 것'은 '공성空性'이라는 뜻입니다. 이 때문에 텅 빈 진공眞空의 성품에서는 아무것도 없으므로 허물어지거나 무너질 게 없습니다.

그러므로 중생에게 적용되는 인과법이 실체가 없는 공성인 줄 깨달으면 비록 그 자리가 지옥이라 하더라도 바로 부처님의 성품과 함께하는 자리가 됩니다. 그래서 중생이 지옥에 들어갈 때 부처님의 성품이 함께 들어가지 않기도, 들어가기도 한다는 것입니다. 부처님의 성품이 중생과 함께 지옥에 들어가, 중생은 인과로 자신의 과보를 받더라도 부처님의 텅 비어 있는 성품 자체는 본디 죄를 지을 것도 없고 죄업의 고통을 받을 것도 없습니다.

인과법은 실체가 없는 망상으로 이루어진 중생계에서만 적용될 뿐, 무명 너머 부처님 세상으로 들어가면 인과법 자체가 공성이니 인과법에 걸릴 게 없습니다.

허공에 쌓아놓은 장작더미에 불을 때면 눈에 보이는 장작더미는 사라지지만, 장작과 함께 있던 텅 비어 있는 허공은 언제나 그대로인 것과 같습니다. 허공은 부처님의 성품이요, 장작은 중생이니, 중생이 지옥에서 죄업의 고통을 받더라도 부처님의 성품은 고통을 받지도 않고 사라지지도 않습니다.

중생이든 부처님이든 마음의 본디 성품을 알면 '공성空性'입니다. 이 공성에서 인연 따라 온갖 법이 빠짐없이 드러나게 되는 것을 '진공묘유眞空妙有'라고 합니다. 이 도리를 알고 어떤 모습에도 집착하지 않고 그 실체를 아는 게 부처님의 마음이지만, 이 도리를 모르고 상相에 집착한다면 중생의 마음을 쓰는 것이니 결코 중생의 살림살이를 벗어나지 못할 것입니다.

# 33장. 부처님의 세 가지 몸과 네 가지 지혜

### 三身四智

이 장에서는 알음알이가 사라진 부처님의 마음에서 드러나는 네 가지 지혜인 성소작지, 평등성지, 묘관찰지, 대원경지를 설명하고 있습니다.

❦ 여덟 가지 식이 네 가지 지혜가 되고

問 轉八識 成四智 束四智 成三身
　전 팔 식　성 사 지　속 사 지　성 삼 신

　幾箇識 共成一智 幾箇識 獨成一智.
　기 개 식　공 성 일 지　기 개 식　독 성 일 지

答 眼耳鼻舌身 此五識 共成成所作智
　안 이 비 설 신　차 오 식　공 성 성 소 작 지

　第六是意 獨成妙觀察智 第七心識 獨成平等性智
　제 육 시 의　독 성 묘 관 찰 지　제 칠 심 식　독 성 평 등 성 지

　第八含藏識 獨成大圓鏡智.
　제 팔 함 장 식　독 성 대 원 경 지

문: '여덟 가지 식'이 '네 가지 지혜'가 되고 '네 가지 지혜'가 '세 가지 몸'이 된다고 하는데, 어떤 식들이 모여 네 가지 지혜를 이루는 것입니까?

답: 안식·이식·비식·설식·신식 이 다섯 가지 식이 함께 '성소작지成所作智'를 이루고, 제육식은 의식으로 '묘관찰지妙觀察智'를 이루며, 제칠식은 '평등성지平等性智'를 이루고, 제팔식은 '대원경지大圓鏡智'를 이룬다. 또한 제팔식은 중생이 지은 모든 업의 종자를 저장하고 있으므로 함장식含藏識이라고도 한다.

여덟 가지 식이 네 가지 지혜를 이루는데, 유식唯識에서 말하는 여덟 가지 식은 눈, 귀, 코, 혀, 몸 다섯 가지 감각기관으로 인식하는 안식眼識·이식耳識·비식鼻識·설식舌識·신식身識 다섯 가지 식識과 분별하는 알음알이 의식인 육식六識, 무명無明으로 인해 팔식八識의 모습이 처음 드러날 때 그것을 집착하여 '나'를 삼는 잠재의식인 칠식七識, 인식의 활동이 너무 미세하여서 순수한 마음 상태와 같아 보여 알 수가 없는 무의식인 팔식八識을 말합니다.

이 여덟 가지 식은 모두 중생의 마음에서 일어나는 인식 작용입니다. 우리가 수행을 통해 이 마음이 허깨비처럼 실체가 없는 망상 덩어리인 줄 알아 그 자리에서 깨달음을 얻게 되면 부처님의 마음이 드러납니다. 그 맑고 깨끗한 마음에서 부처님의 지혜가 드러나니, 이 지혜를 여덟 가지 식과 관련지어 대원경지, 평등성지, 묘관찰지, 성소작지라고 표현하는 것입니다.

問 此四智爲別 爲同.　答 體同名別.
　차 사 지 위 별 위 동　　체 동 명 별

問 體旣同 云何名別 旣隨事立名 正一體之時
　체 기 동 운 하 명 별 기 수 사 입 명 정 일 체 지 시

何者是大圓鏡智.
하 자 시 대 원 경 지


문: 이 '네 가지 지혜'는 같습니까, 아니면 다릅니까?

답: 바탕은 같고 이름만 다를 뿐이다.

문: 바탕이 같은데 왜 이름이 다릅니까? 인연 따라 이름을 내세웠다

면 하나의 바탕일 때 무엇이 '대원경지'입니까?


答 湛然空寂 圓明不動 卽大圓鏡智.
　담 연 공 적 원 명 부 동 즉 대 원 경 지

能對諸塵 不起愛憎 卽是二性空 二性空 卽平等性智.
능 대 제 진 불 기 애 증 즉 시 이 성 공 이 성 공 즉 평 등 성 지

能入諸根境界 善能分別 不起亂想而得自在
능 입 제 근 경 계 선 능 분 별 불 기 난 상 이 득 자 재

卽是妙觀察智.
즉 시 묘 관 찰 지

能令諸根 隨事應用 悉入正受 無二相者 卽是成所作智.
능 령 제 근 수 사 응 용 실 입 정 수 무 이 상 자 즉 시 성 소 작 지


답: 깊고 맑고 고요하여 오롯하게 밝으면서도 움직이지 않는 것이

'대원경지'이다. 온갖 경계에서 좋아하고 싫어하는 마음을 일으키

지 않으면 온갖 성품이 공이니, 온갖 성품이 공인 것이 '평등성지'이다. 모든 육근의 경계에서 그 실체를 잘 분별하여 어지러운 생각을 일으키지 않고 자유자재한 것이 '묘관찰지'이다. 모든 감각기관을 인연 따라 쓰되 삼매 속에서 차별하는 모습이 없는 것이 '성소작지'이다.

네 가지 지혜는 모두 부처님 마음에서 나옵니다. 이 마음자리에서 여덟 가지 식을 견주어 볼 때 이름만 달리 부를 뿐입니다. 부처님의 마음은 깊고 맑고 고요하여 밝고 큰 거울처럼 오롯하게 밝아 조금도 움직이지 않으면서 세상의 모든 것을 환히 비추어 빠짐없이 그 실체를 아는 지혜가 있으니 이것이 '대원경지'입니다.

부처님은 온갖 경계에서 좋아하고 싫어하는 마음을 일으키지 않습니다. '나'라는 경계도 공空인 줄 알고 온갖 경계의 성품도 공空인 줄 알아 집착할 것이 없기 때문입니다. 집착이 사라져 차별이 없는 평등한 마음자리에서 드러나는 부처님의 지혜, 이것이 '평등성지'입니다.

부처님은 육근의 경계에서 보고 듣고 맛보아 일으킨 알음알이와 대상 경계가 모두 공인 줄 알아 집착하거나 시비하고 분별하는 마음이 없습니다. 그러므로 어지러운 생각을 일으키지 않아 언제나 한마음으로 대상 경계의 실체를 자유자재하게 볼 수 있는 지혜가 있으니, 이것이 '묘관찰지'입니다. 또한 부처님은 삼매 속에서 차별하는 마음 없이 몸을 쓰는 지혜를 일으키니, 이것이 '성소작지'입니다.

그러므로 이 네 가지 지혜는 오식, 육식, 칠식, 팔식으로 단계별로 '성소작지'가 되고 '묘관찰지'가 되며 '평등성지'가 되는 것이 아닙니다. 깨달은 부처님의 마음자리에서 드러나는 지혜가 '대원경지'요, 이 지혜가 차별 없이 평등하게 쓰이는 것이 '평등성지'입니다. 육근에서 오묘하게 관찰하여 부처님 지혜에 조금도 어긋나지 않게 판단하는 것이 '묘관찰지'요, '나'라는 생각을 개입시키지 않고 부처님의 몸이 되어 온갖 경계를 있는 그대로 투명한 구슬처럼 인연 따라 받아들이는 것이 '성소작지'입니다.

육조 스님은 『육조단경』에서 게송으로 말합니다.

> 대원경지 그 성품은 맑고 깨끗해
> 평등성지 그 마음에 병이 없으며
> 묘관찰지 그 견해는 억지가 없고
> 성소작지 그의 몸은 투명한 구슬.
>
> 오식 육식 칠식 팔식 인과의 흐름
> 그 이름을 붙여 쓸 뿐 참 성품 없어

그 자리에 알음알이 두지 않으면
번잡하게 보이어도 고요한 마음.


💜 네 가지 지혜로 세 종류 몸이 된다


부처님의 네 가지 지혜는 법신, 보신, 화신으로 나타나는데 이것은
중생을 위하여 임시로 내세운 개념일 뿐, 근본 자리에서 보면 '머물
러 집착할 것이 없는 그 마음'조차 없다는 것을 대주 스님은 이 장에
서 강조하고 있습니다.


問 束四智 成三身者 幾箇智 共成一身 幾箇智 獨成一身.
　 속 사 지 　성 삼 신 자 　기 개 지 　공 성 일 신 　기 개 지 　독 성 일 신

答 大圓鏡智 獨成法身 平等性智 獨成報身 妙觀察智與
　 대 원 경 지 　독 성 법 신 　평 등 성 지 　독 성 보 신 　묘 관 찰 지 여

　 成所作智 共成化身.
　 성 소 작 지 　공 성 화 신

　 此三身 亦假立名字分別 只令未解者 看.
　 차 삼 신 　역 가 립 명 자 분 별 　지 령 미 해 자 　간

　 若了此理 亦無三身應用 何以故.
　 약 료 차 리 　역 무 삼 신 응 용 　하 이 고

　 爲體性無相 從無住本 而立 亦無無住本.
　 위 체 성 무 상 　종 무 주 본 　이 립 　역 무 무 주 본


문: '네 가지 지혜'로 '세 종류 몸'이 된다고 하니 어떻게 분류해야
합니까?


204

**답**: '대원경지'는 법신法身이 되고, '평등성지'는 보신報身이 되며, '묘관찰지'와 '성소작지'는 함께 화신化身이 된다.

이 세 종류 몸 또한 임시로 개념을 내세워 분별한 것으로서, 근본 마음자리를 아직 이해하지 못한 사람이 그 내용을 보게 할 뿐이다.

이 이치를 안다면 또한 세 종류 몸으로 나눌 것도 없으니 무엇 때문 이겠느냐?

그 바탕의 성품에는 생멸하는 모습이 없기 때문이다. '머물러 집착 할 것이 없는 근본'에서 세 종류 몸을 내세웠지만, 알고 보면 '머물러 집착할 것이 없는 근본' 또한 없기 때문이다.

대원경지가 법신法身이 된다는 것은 무엇 때문이겠습니까? 법신 은 법 자체를 부처님의 몸으로 삼는 것입니다. '법신'에서 말하는 '법'은 중생의 분별과 집착이 떨어진 맑고 깨끗한 부처님의 마음을 말합니다. 이 부처님의 마음에서 그대로 드러나는 부처님의 지혜 가 대원경지입니다.

부처님 마음자리에서 오롯이 드러난 빛나는 지혜인 대원경지를 부처님의 몸이라 하는 것을 법신이라 하니, 이 지혜가 맑고 깨끗한 빛으로 장엄한 청정법신불清淨法身佛이 되기 때문입니다.

평등성지가 보신報身이 된다는 것은 무엇 때문이겠습니까? 보신은 중생이 깨달음을 얻었을 때 부처님의 마음이 드러나 그 마음에서 차별 없이 보게 되는 부처님의 세상을 말하기 때문입니다. 중생의 눈으로 보는 것은 모두 분별하고 집착하는 마음이니 중생의 세계밖에 못 보지만, 부처님의 눈으로 보는 것은 보는 세상 그 자체가 차별 없이 아름다운 꽃으로 장엄한 부처님의 화엄 세계입니다. 차별 없는 평등한 성품의 지혜 평등성지로 보니, 이 세상 모든 것이 부처님 아닌 것이 없으므로, 보는 모습 자체가 오롯한 아름다운 부처님인 원만 보신불報身佛이 되는 것입니다.

묘관찰지와 성소작지가 화신化身이 된다는 것은 무엇 때문이겠습니까? 분별이 없이 부처님의 눈으로 보는 이 세상 자체가 부처님의 세상인데, 중생은 자신과 인연 맺는 부처님의 모습만 바라보기 때문에 이 세상에 헤아릴 수 없이 많은 중생을 따라 한량없이 많은 천백억 부처님이 있게 되니, 이를 천백억 화신불化身佛이라고 하는 것입니다.

그러나 법신, 보신, 화신 삼신불은 중생들에게 부처님의 세상을 이해시키기 위해 임시로 개념을 내세워 설명한 것입니다. 부처님의 근본 마음자리를 이해하지 못한 사람이 자신의 근기에 맞게 그 내용을 보게 할 뿐입니다.

왜냐하면 부처님 성품에는 생멸하는 어떤 모습도 없기 때문입니다. 결정된 어떤 모습도 없으므로 머물러 집착할 것이 없는 근본 마음자리에서 세 가지 몸과 네 가지 지혜를 내세웠지만, 사실 알고 보면 또한 '머물러 집착할 것이 없는 근본 마음'조차 없습니다.

육조 스님은 『육조단경』에서 말합니다.

"맑고 깨끗한 청정 법신은 그대의 성품이고, 조금도 부족함이 없는 오롯한 원만 보신은 그대의 성품에서 드러나는 지혜이며, 중생의 인연 따라 수없이 몸을 나토는 천백억 화신은 그대의 지혜로운 삶에서 드러나는 다양한 모습이다. 결정된 모습이 없는 본디 성품을 떠나서 따로 법신 보신 화신을 말하는 사람을 '몸은 있겠지만 지혜가 없는 사람'이라 한다."

　　자기 자신 성품 속에 삼신불 있고
　　대원경지 평등성지 네 가지 지혜
　　듣고 보는 온갖 인연 그 속에 있어
　　그 자리가 부처님의 세상이로다.

# 34장. 부처님의 참된 몸

佛眞身

부처님의 참된 몸이란 6장에서 말한 것처럼 유有와 무無를 보고도 집착하지 않는 진정한 해탈을 말합니다. 유有와 무無에 대한 온갖 속박을 벗어난 마음이 해탈이고, 그 마음을 몸으로 삼는 것이 부처님의 참된 몸이기 때문입니다.

問 云何 是見佛眞身.
　　운하 시견불진신

答 不見有無 卽是見佛眞身.
　　불견유무 즉시견불진신

문: 부처님의 '참된 몸[眞身]'을 본다는 것은 무엇입니까?

답: 유有와 무無를 보지 않는 것이 부처님의 참된 몸을 보는 것이다.

問 云何 不見有無 卽是見佛眞身.
　　운하 불견유무 즉시견불진신

答 有 因無立 無 因有顯. 本不立有 無亦不存 旣不存無
　　유 인무립 무 인유현 본불립유 무역부존 기부존무

　　有從何得. 有之與無 相因 始有 旣相因而有 悉是生滅.
　　유종하득 유지여무 상인 시유 기상인이유 실시생멸

但離此二見 卽是見佛眞身.
단 이 차 이 견　즉 시 견 불 진 신


문: '유'와 '무'를 보지 않는 것이 왜 부처님의 참된 몸을 보는 것입니
까?

답: '유'는 '무'로 인하여 세우고 '무'는 '유'로 인하여 드러나기 때문
이다. 본디 '유'를 내세우지 않으면 '무' 또한 존재하지 않는다. '무'가
존재하지 않는다면 '유'가 어디에서 생겨날 수 있겠느냐. 이는 유와
무가 서로 상대적 원인이 되기 때문이다. 상대적 원인으로 존재하
므로 다 생멸한다. 그러므로 유와 무라는 두 가지 견해만 여의면
부처의 참된 몸을 보게 된다.


問　只如有無 尙不可交建立 眞身復從何而立.
　　지 여 유 무　상 불 가 교 건 립　진 신 부 종 하 이 립

答　爲有問故 若無問時 眞身之名 亦不可立.
　　위 유 문 고　약 무 문 시　진 신 지 명　역 불 가 립

　　何以故. 譬如明鏡 若對物像時 卽現像 若不對物像時 終
　　하 이 고　비 여 명 경　약 대 물 상 시　즉 현 상　약 부 대 물 상 시　종

　　不見像.
　　불 견 상


문: 말씀을 들으니 유와 무도 오히려 내세울 수 없는데 부처님의
참된 몸을 어떻게 내세울 수 있습니까?

답: 그대의 질문이 있었기 때문이다. 질문이 없다면 부처님의 참된

몸이라는 이름도 내세울 수 없다. 무엇 때문인가? 이는 마치 밝은 거울이 사물의 형상을 대할 때 그 모습을 드러내지만, 사물의 형상을 대하지 않을 때는 끝내 그 모습을 드러내지 않는 것과 같다.

'유'와 '무'는 서로 의지하고 있는 상대적 개념입니다. 따라서 유와 무를 풀이할 때는 항상 상대적 개념을 토대로 살피고 분별하는 생각이 필요합니다. 하지만 분별하는 생각으로는 부처님을 찾아볼 수가 없습니다.

그러므로 『능엄경』에서 "부처님의 참마음은 분별하는 성품이 아니다."라고 말한 것입니다. 유有와 무無를 보지 않는다는 것은, 늘 '무엇이 있다'라고 생각하는 상견常見과 '아무것도 없다'라고 생각하는 단견斷見에 집착하지 말라는 것입니다.

상견과 단견에 대한 집착이 떨어져 모든 분별이 사라진 텅 빈 마음에는, 어떤 대상 경계를 가지고 '유'나 '무'라고 판단하는 개념조차 존재하지 않습니다. '유'와 '무'를 보지 않는 그 마음자리가 온갖 번뇌와 분별이 사라진 고요한 마음입니다. 이 마음이 부처님의 참된 몸이니, 온갖 구속에서 벗어나 지혜로운 삶을 살아가는 바탕이 됩니다.

그러므로 『보장론』에서 "유有를 알면 '있다'라는 집착이 허물이요, 무無를 알면 '없다'라는 집착이 허물이다. 참다운 앎은 유와 무를 헤아리지 않는다. 유와 무에 집착하지 않는다면 곧 부처님 마음에서 빛나는 슬기로운 삶이다."라고 하였습니다.

유와 무에 집착하지 않는 부처님 마음을 부처님의 법法으로 삼는 것을 법신法身이라 하니, 대주 스님은 이 법신으로 '부처님의 참된 몸을 삼는 것'입니다. 하지만 이 법신도 중생들의 이해를 돕기 위하여 방편으로 설하는 것이니, 그 근본은 언어도단言語道斷 심행처멸心行處滅일 뿐입니다.

# 35장. 늘 부처님을 여의지 않고 사는 삶

常不離佛

問 云何 是常不離佛.
　운하 시상불리불

答 心無起滅 對境寂然 一切時中 畢竟空寂 卽是常不離佛.
　심무기멸 대경적연 일체시중 필경공적 즉시상불리불

문: 늘 부처님을 여의지 않는다는 것은 무엇을 말합니까?

답: 집착하는 분별이 없어 늘 어떤 경계에도 마음이 고요한 것, 주어진 삶 속에서 언제나 시비 분별이 사라진 텅 빈 고요한 마음, 이것이 곧 늘 부처님을 여의지 않고 사는 삶이다.


시비하고 분별하는 삶에 휘말리는 것은 우리가 고요한 마음을 지키지 못하였기 때문입니다. 수행을 통하여 선정의 힘을 키우게 되면, 이 힘으로 삶의 경계에서 시비하지 않게 되므로 부처님의 마음을 갖게 됩니다.


시비 분별이 사라진 텅 빈 마음, 유와 무에 대한 온갖 속박에서 벗어난 그 고요한 마음만 지니면 그 자체가 부처님이니, 일상생활 속에서 늘 부처님을 여의지 않고 사는 것입니다.

# 36장. 무위법이 무엇인가

無爲法

앞서 31장에서 유위법을 조금도 버리지 않고 무위법에도 머물지 않아야 한다고 말씀하신 것처럼 이 장에서도 '부처님 법이라고 집착하는 마음'을 떠날 것을 강조합니다.

問 何者 是無爲法.  答 有爲是.
하자 시무위법      유위시

문: 무위법이 무엇입니까?

답: 유위법이니라.

問 今問無爲法 因何答有爲是.
금문무위법 인하답유위시

答 有因無立 無因有顯 本不立有 無從何生.
유인무립 무인유현 본불립유 무종하생

若論眞無爲者 卽不取有爲 亦不取無爲 是眞無爲法也.
약론진무위자 즉불취유위 역불취무위 시진무위법야

何以故. 經 云 若取法相 卽著我人 若取非法相 卽著我人
하이고 경 운 약취법상 즉착아인 약취비법상 즉착아인

是故 不應取法 不應取非法 即是取眞法也.
시고 불응취법 불응취비법 즉시취진법야

若了此理 即眞解脫 即會不二法門.
약료차리 즉진해탈 즉회불이법문

**문:** 지금 무위법을 물었는데 어찌 유위법이라 말씀하십니까?

**답:** 유위법은 무위법으로 인하여 내세웠고 무위법은 유위법으로 인하여 드러나기 때문이니라. 본디 유위법을 내세우지 않았다면 무위법이 어디에서 생겨날 수 있겠느냐? '참 무위법'을 논하는 것이라면, 유위법도 취하지 않고 무위법도 취하지 않아야 이것이 '참 무위법'이니라. 무엇 때문이겠느냐?

경에서 "법의 모습을 취하면 곧 '나와 남을 분별하여 집착하는 것'이요, '법의 모습이 아닌 것'을 취하여도 '나와 남을 분별하여 집착하는 것'이니, 이 때문에 법을 취하지도 말고 법 아닌 것도 취하지 말아야 한다."라고 하였으니, 이것이 곧 '참된 법'을 취하는 것이다. 이 도리를 알면 곧 '참 해탈'이며 온갖 것이 하나가 되는 '불이不二 법문'을 아는 것이다.

부처님을 바라보고 사는 중생이 있기에 부처님이 존재합니다. 중생이 없다면 부처님도 없습니다. 중생이 유위법이라면 부처님 마음은 무위법입니다. 유위법인 중생은 무위법인 부처님 마음으로 인해서 내세워졌고 부처님 마음은 중생으로 인해 드러났기 때문입니다.

부처님과 중생을 나누어 분별하는 마음으로는 돈오頓悟할 수 없습니다. 부처님이나 중생이라고 분별하여 집착하는 마음이 없을 때 이것이 바로 '참 무위법'입니다.

『금강경』에서도 법과 법 아닌 것에 대한 집착을 떠나라고 하였습니다. 그런데도 중생이 법에 집착하는 것은 다만 법 그대로 법이 아닌 줄 모르기 때문이며, 법이 아닌 것에 집착하는 것도 다만 법이 아닌 것 그대로 법인 줄 모르기 때문입니다.

부처님 법은 뗏목 같아서, 강을 건너고 나면 버려야 하는데 강을 건너고 나서도 뗏목을 붙잡고 법과 법이 아닌 것을 분별하고 있다면, 이는 하나에 집착하여 다른 모든 것을 놓치고 있는 것이니, 공부를 마칠 기약이 없습니다.

> 법이라는 그 모습은 법이 아니니
> 쥔 주먹을 펴서 보니 손바닥이라
> 뜬구름이 다 흩어진 푸른 허공에
> 넓고 넓은 온 하늘이 다 같은 모습.[1]

---

1. 원순, 『야부 스님 금강경』, 170-171p

# 37장. 어떤 것이 '중도의 뜻'인가

中道

問 何者 是中道義.　　答 邊義是.
　하자　시중도의　　　　변의시


문: 어떤 것이 '중도의 뜻'입니까?

답: '한쪽에 집착하는 것'이 '중도의 뜻'이다.


問 今問中道 因何 答邊義是.
　금문중도 인하 답변의시

答 邊因中立 中因邊生. 本若無邊 中從何有.
　변인중립 중인변생　본약무변 중종하유

　今言中者 因邊始有 故知.
　금언중자 인변시유 고지

　中之與邊 相因而立 悉是無常 色受想行識 亦復如是.
　중지여변 상인이립 실시무상 색수상행식 역부여시


문: 지금 중도를 물었는데 무엇 때문에 '한쪽에 집착한다는 뜻'으로
말씀하십니까?

답: '한쪽에 집착하는 것'은 중도로 인하여 내세워진 것이요, 중도는
'한쪽에 집착하는 것'으로 인하여 생겨났기 때문이다. 본디 '한쪽에

집착하는 것'이 없다면 중도란 것은 또 어디에 있겠느냐?

지금 중도라고 말한 것은 '한쪽에 집착하는 것'으로 인하여 비로소 있게 되니 그러므로 알아야 한다. 중도와 '한쪽에 집착하는 것'은 서로 원인이 되어 내세워진 것이므로 둘 다 무상하다. 색色·수受·상想·행行·식識도 이와 같으니라.


한쪽으로 치우친 마음이 중생의 마음이라면, 중도란 어림짐작하여 가운데를 취하는 것이 아니라, 부처님 법으로 온전히 부처님 마음자리에서 부처님 지혜를 쓰는 것입니다. 화살이 과녁을 명중하듯 명확하게 진리를 꿰뚫어 보는 것이 바로 중도의 법입니다.

앞서 무위법이 무엇이냐고 물었을 때 유위법이라 대답했듯이, 이 장에서도 중도가 무엇이냐고 묻고 있는 질문에 '한쪽에 집착하는 것'이라고 답하고 있습니다. 왜냐면 한쪽에 집착하는 중생의 마음이 없다면 굳이 부처님 법인 중도를 내세울 필요가 없기 때문입니다.

상대적인 개념으로 세워진 중생의 마음과 중도의 법은 중생의 알음알이일 뿐 그 실체는 공空이어서 본디 결정된 성품이 없습니다. 부처님 마음은 모든 경계가 끊어져 어떤 모습도 없기 때문입니다.

중생의 마음이 쉬어져 알음알이가 사라진다면 이 알음알이에 상대되는 부처님 법도 저절로 사라져 온갖 분별이 사라진 부처님 마음자리로 들어갈 것입니다.

> 움직임을 멈추어서 그치려 하면
> 그 마음이 다시 더욱 요동을 치니
> 이런 마음 아직 한쪽 집착하는 것
> 어찌하여 '한마음'을 알 수 있을까?[1]

---

1. 원순, 『신심명·증도가』, 14-15p

# 38장. 색·수·상·행·식

五陰

오음이 무엇인지 알고 나면 중생이 왜 늘 번뇌를 일으키고 사는지 쉽게 이해할 수 있습니다. 오음은 번뇌 덩어리인 중생의 몸과 알음 알이 마음 작용이기 때문입니다.

問 何名五陰等.
　　하 명 오 음 등

答 對色染色 隨色受生 名爲色陰. 爲領納八風 好集邪信
　　대 색 염 색　수 색 수 생　명 위 색 음　위 영 납 팔 풍　호 집 사 신

　　卽隨領受中生 名爲受陰. 迷心取想 隨想受生 名爲想陰.
　　즉 수 령 수 중 생　명 위 수 음　미 심 취 상　수 상 수 생　명 위 상 음

　　結集諸行 隨行受生 名爲行陰. 於平等體 妄起分別繫著
　　결 집 제 행　수 행 수 생　명 위 행 음　어 평 등 체　망 기 분 별 계 착

　　虛識受生 名爲識陰. 故 云 五陰.
　　허 식 수 생　명 위 식 음　고 운 오 음

문: 무엇을 오음五陰이라 합니까?

답: 색을 보고 색에 집착하여 그 집착으로 생겨나는 번뇌 덩어리를 색음色陰이라고 한다. 팔풍八風의 경계를 집착하여 잘못된 믿음을 받아들이면서 생겨나는 번뇌 덩어리를 수음受陰이라고 한다. 어리

219

석게 마음속에 떠오른 이미지를 취하면서 생겨나는 번뇌 덩어리를 상음想陰이라 한다. 이들 번뇌 덩어리를 모아 분석하고 처리하는 과정에서 생겨나는 번뇌 덩어리를 행음行陰이라고 한다. 차별이 없는 평등한 곳에서 허망하게 분별과 집착을 일으켜 헛된 알음알이가 생겨나는 번뇌 덩어리를 식음識陰이라고 한다. 이 다섯 가지를 합하여 '오음'이라 한다.

오음五陰은 불자라면 흔히 알고 있는 '오온五蘊'의 다른 표현인데, 오온은 중생의 망념이 모여 번뇌 덩어리가 된 색色·수受·상想·행行·식識 다섯 가지를 말합니다.

지수화풍으로 이루어진 물질인 색色에 집착하여 그 집착으로 생겨나는 번뇌를 모아놓은 번뇌 덩어리를 색온色蘊이라 합니다.

'팔풍八風'은 자기한테 주어지는 이익과 손해, 내 뒤에서 하는 험담과 칭찬, 내 앞에서 하는 비방과 칭찬, 괴로움과 즐거움인 여덟 가지 경계를 말합니다. 이처럼 마음을 흔들리게 하는 바깥의 경계를 실제라고 생각하는 잘못된 믿음으로 경계를 집착하여 받아들이면서 생겨나는 마음 작용이 모여 쌓인 번뇌 덩어리를 수온受蘊이라 합니다.

받아들인 경계를 마음속에 떠올려 이미지를 취하여 이전의 경험을 바탕으로 어떤 모습을 그려나갑니다. 이러한 마음 작용이 모여 쌓인 번뇌 덩어리를 상온想蘊이라고 합니다.

마음속에 떠오른 이미지를 모아 분석하고 처리하여 어떤 판단을 내리기까지의 과정에 해당하는 마음 작용이 모여 쌓인 번뇌 덩어리를 행온行蘊이라고 합니다.

'차별이 없는 평등한 부처님 마음자리'를 지녔음에도 불구하고 엉뚱하게 중생이 시비하고 분별하여 판단을 내리는 마음 작용이 모여 쌓인 번뇌 덩어리를 식온識蘊이라 합니다.

이 다섯 가지 내용물을 모아서 '오온'이라 말하는 것입니다. '오온'은 단순히 정리하면 색色인 중생의 몸과 수受·상想·행行·식識인 중생의 알음알이 마음 작용을 말합니다. 이는 무시이래, 망념으로 시작된 많은 인연이 모여 잠시 생겨나는 것일 뿐, 그 실체를 분석하면 어떤 것도 존재하지 않으므로 그대로 공空일 뿐입니다.

실체가 없는 이 번뇌 덩어리에 중생들이 집착함으로 중생의 온갖 살림살이 고통이 일어나는 것입니다. 망념 덩어리 오온에 대한 이런 집착은 부처님의 지혜를 공부하는 데 조금도 도움이 되지 않습니다. 오히려 방해만 되므로 중생의 몸과 마음을 공부하는 사람은 오온을 마구니라고 말하기도 합니다.

이 마구니 때문에 받는 중생의 고통은 참으로 많습니다. 그 가운데 추려서 이야기해 보자면, 번뇌 덩어리 몸이 이 세상에 태어나 받게 되는 생로병사生老病死의 고통이 있습니다. 사람이 좋아 함께 살고 싶은데도 억지로 떨어져 살아야만 하는 애별리고愛別離苦의 괴로움이 있습니다. 원한과 미워하는 마음이 있어서 멀리하고 싶은 사람을 어쩔 수 없이 만나 보아야만 하는 원증회고怨憎會苦의 괴로움도 있습니다. 갖고 싶은 것을 마음대로 구하여 가질 수 없는 구부득고求不得苦 또한 우리를 괴롭게 합니다.

중생의 몸과 마음 때문에 이런 괴로움이 우리 삶에 가득 차 있는 것을 오음성고五陰盛苦라고 합니다. 중생의 몸과 알음알이 마음 작용은 무시이래 망념으로 인연이 모여 생겨난 것이므로 무상無常하여 그 실체가 없습니다. 그런데도 이것을 있는 것이라고 집착하여 여기에 얽매여 살게 되면, 오온 그 자체가 마구니가 되어 우리 삶에 온갖 괴로움이 그칠 날이 없을 것입니다.

# 39장. 스물다섯 종류의 중생

## 二十五有

중생계는 보통 욕계, 색계, 무색계로 나누어집니다. 욕계는 또 14유有, 색계는 7유有, 무색계는 4유有로 나누어서 이를 합쳐 이십오유二十五有라고 합니다. 그러나 대주 스님은 일반적인 견해와 다르게 십악十惡, 십선十善, 오음五陰을 합쳐 이를 이십오유라고 설명하고 있습니다.

問 經云 二十五有 何者是.
   경운 이십오유 하자시

答 受後有身 是也 後有身者 卽六道受生.
   수후유신 시야 후유신자 즉육도수생

   爲衆生 現世心迷 好結諸業 後卽隨業受生 云 後有也.
   위중생 현세심미 호결제업 후즉수업수생 운 후유야

   世若有人 志修究竟解脫 證無生法忍者 卽永離三界 不
   세약유인 지수구경해탈 증무생법인자 즉영리삼계 불

   受後有 不受後有者 卽證法身 法身者 卽是佛身.
   수후유 불수후유자 즉증법신 법신자 즉시불신

문: 경에서 '이십오유二十五有'를 말하고 있는데 이것은 무엇입니까?

답: 뒷날 '중생의 몸을 받게 되는 것'을 말한다. 뒷날 '중생의 몸을 받는다는 것'은 곧 '육도'에 태어난다는 것'이다. 중생이 지금 이 세상에 살면서 어리석어 온갖 업을 함부로 지으니 과보로 뒷날 그 업에 따라 다음 생을 받는다. 이 때문에 '뒷날 몸을 받는다'고 말한다.

세상에서 '구경해탈究竟解脫'을 닦아 '무생법인無生法忍'[2]을 증명한 사람이 있다면 곧 이 사람은 영원히 삼계三界[3]를 벗어나 뒷날 중생의 몸을 받지 않을 것이다. 뒷날 중생의 몸을 받지 않는다는 것은 '법신法身'을 증명하는 것이며, 법신은 곧 '부처님의 몸'이다.

問 二十五有名 云何分別.
　이 십 오 유 명　운 하 분 별

答 本體是一 爲隨用立名 顯二十五有.
　본 체 시 일　위 수 용 입 명　현 이 십 오 유

---

1. 육도는 중생계를 지옥·아귀·축생·아수라·인간·천상 여섯 가지로 나눈 것을 말한다.
2. '무생법인無生法忍'은 '생멸生滅이 없는 깨달음'의 자리를 말한다.
3. '삼계三界'는 우리 중생들이 사는 세상을 셋으로 나눈 욕계欲界·색계色界·무색계無色界를 말한다. '욕계'는 음욕淫慾이나 식욕과 같은 세속의 욕망을 품고 사는 중생들의 세계이다. 지옥·아귀·축생·수라·인간세계를 비롯하여 하늘나라 맨 밑에 있는 육욕천六欲天이 모두 여기에 해당한다. '색계'는 음욕과 식욕을 벗어나 맑고 깨끗한 모습만 가지고 사는 중생들의 세계이다. 욕계 위에 있고 그 세상은 밝고 아름다운 느낌의 행복만 가득하므로 색계라고 한다. '무색계'는 욕망이나 물질로 이루어진 세계가 아니고 오직 수受·상想·행行·식識 네 마음만 남아 있는 세상이다. 이 세계는 심식心識이 욕망이나 눈에 보이는 물질의 장애를 벗어나 오직 오묘하고 깊은 선정에 있을 뿐이므로 무색계라고 한다. 그러나 아직 미세한 망상은 남아 있어 무명을 벗어나지 못한다. 중생의 입장에서는 삼계의 괴로움과 즐거움은 그 차이가 큰 것으로 보이지만 부처님의 위치에서 보면 모두 어리석은 중생계에 속한다. 삼계는 중생들이 고통 받고 사는 생사윤회의 끝없는 굴레이므로 출가한 사람이라면 마땅히 벗어나야 한다.

二十五有 十惡十善 五陰 是.
이십오유 십악십선 오음 시

**문**: 이십오유의 이름을 어떻게 분별합니까?

**답**: 본디 바탕은 하나인데 그 쓰임에 따라 이름을 붙여 '이십오유'를 드러낸다. '이십오유'는 '열 가지 나쁜 짓'과 '열 가지 좋은 일'과 색色·수受·상想·행行·식識 다섯 가지 '오음五陰'을 말한다.


問 云何 是十惡十善.
운하 시십악십선

答 十惡 殺盜淫 妄語綺語兩說惡口 乃至貪瞋邪見
십악 살도음 망어기어양설악구 내지탐진사견

此名十惡. 十善者 但不行十惡 卽是也.
차명십악 십선자 단불행십악 즉시야

**문**: 어떤 것이 열 가지 나쁜 짓과 열 가지 좋은 일입니까?

**답**: 열 가지 나쁜 짓은 '살생, 도둑질, 음행, 거짓말, 꾸미는 말, 이간시키는 말, 거칠고 나쁜 말, 탐욕, 성냄, 삿된 소견'을 말한다. 열 가지 좋은 일은 열 가지 나쁜 짓만 행하지 않으면 된다.


'이십오유'는 중생의 몸을 받게 되는 것 즉, 육도에 태어나는 것을 의미합니다. 중생은 이 세상에 살면서 어리석어 선과 악으로 분별하면서 온갖 업을 지어 그 과보로 다음 생을 받습니다. 열 가지 나쁜 행을 지어도 몸을 받고 중생의 몸과 마음인 색·수·상·행·식에 집착하여도 몸을 받습니다. 그리고 열 가지 좋은 행을 지어도 몸을 받아 천상에 태어날 뿐, 구경열반은 아니므로 이 역시 육도 윤회하게 됩니다.

결국 중생의 업을 벗어나려면 옳다 그르다 분별하지 않고 부처님 마음을 닦는 것밖에 없음을 대주 스님은 이 '이십오유'를 통해 후학들에게 넌지시 일러주고 있습니다.

# 40장. 무념과 돈오의 관계

無念頓悟

무념은 중생의 생각이 없는 것, 곧 망념이 없는 것입니다. 반야심경에서 말하는 제법공상諸法空相의 이치를 모르고 실체가 없음을 있다고 착각하여 집착하는 것이 망념입니다. 이 착각에서 단박에 깨어나 망념이 사라진 자리가 바로 돈오입니다.

돈오하여 망념을 여윈다면 경계로 나타나는 어떤 모습도 없습니다. 모든 법은 오직 망념으로 말미암아 차별이 있을 뿐입니다. 온갖 모습이 사라진 마음의 성품은 불생불멸이며, 평등하여 변할 것이 없고 무너뜨릴 수도 없어 오직 한마음이기에 진여라고 합니다. 무념이면 곧 돈오이며 진여이니, 무념과 돈오, 진여는 표현은 다르지만 그 뜻하는 바는 같습니다.

## ♥ 무념의 뜻

問 上說無念 猶未盡決.
　　상 설 무 념　유 미 진 결

答 無念者 一切處 無心 是 無一切境界 無餘思求是.
　　무 념 자　일 체 처　무 심　시　무 일 체 경 계　무 여 사 구 시

對諸境色 永無起動 卽是無念. 無念者 是名眞念也.
대 제 경 색 영 무 기 동 즉 시 무 념 무 념 자 시 명 진 념 야

若以念爲念者 卽是邪念 非爲正念.
약 이 념 위 념 자 즉 시 사 념 비 위 정 념

何以故. 經 云 若敎人六念 名爲非念.
하 이 고 경 운 약 교 인 육 념 명 위 비 념

**문**: 무념을 설명하셨는데도 아직 제대로 그 내용을 다 이해하지 못했습니다.

**답**: '무념'이란 어떤 곳에도 집착하는 마음이 없는 것이니, 어떤 경계도 없어 이런저런 생각으로 찾을 수 있는 게 없기 때문이다. 온갖 경계로 나타난 모습에서 영원히 마음의 흔들림이 조금도 없는 것이 곧 '무념'이다. '무념', 이를 일러 '참된 생각'이라 한다.

만약 잘못된 생각으로써 참된 생각을 삼는다면 이는 '삿된 생각'이요, '올바른 생각'이 아니다. 왜냐하면 경에서 "만약 사람들에게 '여섯 가지 생각'을 가르친다면 이는 '올바른 생각'이 아니다."라고 하였기 때문이다.

여기서 말하는 여섯 가지 생각은 첫째, 부처님을 생각하는 것이요, 둘째, 부처님의 법을 생각하는 것이요, 셋째, 착한 마음으로 어울려 사는 스님들을 생각하는 것이요, 넷째, 부처님 말씀대로 아름답게 사는 모습을 생각하는 것이요, 다섯째, 남에게 베푼다고 생각하는 것이요, 여섯째, 하늘의 복을 생각하는 것을 말한다.

有六念 名爲邪念 無六念者 卽眞念.
유육념 명위사념 무육념자 즉진념

經 云 善男子 我等 住於無念法中 得如是金色三十二相
경 운 선남자 아등 주어무념법중 득여시금색삼십이상

放大光明 照無餘世界 不可思義功德 佛說之 猶不盡 何
방대광명 조무여세계 불가사의공덕 불설지 유부진 하

況餘乘能知也.
황여승능지야

得無念者 六根 無染念故 自然得入諸佛知見 得如是者
득무념자 육근 무염념고 자연득입제불지견 득여시자

卽名佛藏 亦名法藏.
즉명불장 역명법장

卽能一切佛 一切法 何以故. 爲無念故. 經 云 一切諸佛
즉능일체불 일체법 하이고 위무념고 경 운 일체제불

等 皆從此經出.
등 개종차경출


여기에 집착하는 '여섯 가지 생각'이 있으면 이를 일러 '삿된 생각'이라 하고, 집착이 없어 '여섯 가지 생각'이 없는 것은 '참된 생각'이라 한다.

경에서 "선남자여, 우리들이 무념無念의 법에서 황금색 서른두 가지 모습을 얻고 큰 광명을 놓아 온갖 세계를 남김없이 비추고 있는 이 불가사의한 공덕은 부처님께서 말씀하셔도 다 말씀할 수 있는 것이 아닌데 어찌 하물며 그 밑의 사람들이 이 내용을 다 알 수 있겠느냐?"라고 말하였다.

무념을 얻은 사람은 감각기관에 집착하는 헛된 생각이 없으므로 자연스럽게 모든 '부처님의 지견'에 들어가니, 이를 얻은 사람을 '부처님의 곳간'이라 하며, 또한 '법의 곳간'이라 하기도 한다.

곧 모든 부처님이 될 수 있으며 온갖 법이 될 수 있으니 무엇 때문이 겠느냐? 집착하는 헛된 생각이 없기 때문이다. 경에서는 "모든 부처님께서 다 이 가르침에서 나오신다."라고 하였다.

問 旣稱無念 入佛知見 復從何立.
기 칭 무 념  입 불 지 견  부 종 하 립

答 從無念立 何以故. 經 云 從無住本 立一切法
종 무 념 립  하 이 고.  경  운  종 무 주 본  입 일 체 법

又云 喩如明鑑. 鑑中 雖無像 而能現萬像 何以故. 爲鑑
우 운  유 여 명 감.  감 중  수 무 상  이 능 현 만 상  하 이 고.  위 감

明故 能現萬像. 學人 爲心無染故 妄念 不生 我人心 滅
명 고  능 현 만 상.  학 인  위 심 무 염 고  망 념  불 생  아 인 심  멸

畢竟淸淨 以淸淨故 能生無量知見.
필 경 청 정  이 청 정 고  능 생 무 량 지 견

문: 무념에서 부처님의 지견에 들어간다고 하시는데 어떤 근거에 서 그런 말씀을 하십니까?

답: 무념의 이치에서 말하는 것이니 무엇 때문이겠느냐? 경에서 는 "머물러 집착할 것이 없는 근본에서 온갖 법을 내세운다."라고 하며, 또 "비유하면 밝은 거울과도 같다."라고 하였기 때문이다.

230

밝은 거울 속에 아무 모습이 없더라도 온갖 영상을 나타낼 수 있으니 무엇 때문이겠느냐? 텅 빈 밝은 거울은 어떠한 영상도 다 나타낼 수 있기 때문이다.

도를 배우는 사람들은 집착하는 마음이 없기 때문에 헛된 생각이 생겨나지 않아서, 나와 남을 분별하는 마음이 사라져 언제나 맑고 깨끗하니, 맑고 깨끗하므로 헤아릴 수 없이 많은 '부처님의 지견'을 낼 수 있는 것이다.

## ♡ 돈오의 뜻

頓悟者 不離此生 卽得解脫 何以知之.
돈오자 불리차생 즉득해탈 하이지지

譬如獅子兒 初生之時 卽眞獅子.
비여사자아 초생지시 즉진사자

修頓悟者 亦復如是 卽修之時 卽入佛位 如竹春生筍 不離於
수돈오자 역부여시 즉수지시 즉입불위 여죽춘생순 불리어

春 卽與母齊 等無有異. 何以故 爲心空故.
춘 즉여모제 등무유이 하이고 위심공고

修頓悟者 亦復如是 爲頓除妄念 永絶我人 畢竟空寂 卽與佛
수돈오자 역부여시 위돈제망념 영절아인 필경공적 즉여불

齊 等無有異故 云 卽凡卽聖也.
제 등무유이고 운 즉범즉성야

修頓悟者 不離此身 卽超三界. 經 云
수돈오자 불리차신 즉초삼계 경 운

不壞世間而超世間 不捨煩惱而入涅槃.
불 괴 세 간 이 초 세 간　불 사 번 뇌 이 입 열 반

不修頓悟者 猶如野干 隨逐獅子 經百千劫 終不得成獅子.
불 수 돈 오 자　유 여 야 간　수 축 사 자　경 백 천 겁　종 부 득 성 사 자

돈오란 이번 생을 벗어나지 않고 곧 해탈하는 것이니, 무엇으로 알 수 있겠느냐? 비유하면 어린 사자가 태어날 때부터 사자인 것과 같으니라.

돈오를 닦는 사람도 이와 같아 돈오를 닦을 때 곧 부처님의 자리에 들어가니, 이는 대나무밭에서 죽순이 날 때 봄을 넘기지 않고 대나무와 똑같이 되는 것과 같다. 왜냐하면 마음이 공空이기 때문이다.

돈오를 닦는 사람도 이와 같아 단숨에 헛된 생각을 제거하며 영원히 '나와 남이라는 분별'을 끊어 언제나 마음이 고요하니 곧 부처님과 다를 것이 없으므로 '범부이면서도 성인'이라고 한다.

돈오를 닦는 사람은 이 몸을 벗어나지 않고 삼계를 초월한다. 이를 경에서는 "세간을 그대로 두고 세간을 초월하여 번뇌를 버리지 않으면서 열반에 들어간다."라고 말하였다.

돈오를 닦지 않는 사람은, 여우가 백천 겁의 세월 동안 사자를 따라다녀도 끝내 사자가 될 수 없듯, 부처님의 자리에 들어갈 수 없다.

우리 마음에 망념이 사라지면 그 자리에서 부처님 마음이 저절로 드러납니다. 이것을 깨닫는다고 표현하는 것이지 깨달을 무엇이 있고, 깨달을 내가 있어 깨닫는 것이 아닙니다. 번뇌를 버리지 않고 열반에 들어간다는 것도 같은 이치입니다. 번뇌를 없앤다고 하면 번뇌를 없애야 하는 '나'가 있어야 하는데 이 '나'라는 것을 내세워 깨달아야 한다고 집착한다면 결코 열반에 들어갈 수 없습니다. 남들이 보기에는 번뇌인 것도, 내가 번뇌에 휘둘리지 않고 무심하게 바라볼 수 있다면 그것은 이미 번뇌가 아닙니다. 그러므로 번뇌를 버리지 않고 열반에 들어가는 것입니다.

돈오란 마음을 비우는 무념의 법입니다. 이를 알지 못하고 밖으로 깨달음을 찾아다니는 사람은, 의심 많은 여우 같아서 선지식을 백 날 따라다닌들 수행에는 진전이 없습니다.

## ♥ 진여란 무엇인가

又問 眞如之性 爲實空 爲實不空. 若言不空 卽是有相 若
우문 진여지성 위실공 위실불공 약언불공 즉시유상 약

言空者 卽是斷滅 一切衆生 當依何修 而得解脫.
언공자 즉시단멸 일체중생 당의하수 이득해탈

答 眞如之性 亦空 亦不空 何以故. 眞如妙體 無形無相 不
　진여지성 역공 역불공 하이고 진여묘체 무형무상 불

可得也 是名亦空. 然 於空無相體中 具足恒沙之用 卽無
가득야 시명역공 연 어공무상체중 구족항사지용 즉무

233

事不應 是名亦不空.
사 불 응 시 명 역 불 공


**문**: 진여의 성품은 실제 공空입니까, 아니면 불공不空입니까? 실제 불공이라고 말하면 곧 어떤 모습이 있는 것이고, 실제 공이라고 말하면 곧 아무것도 없으니 모든 중생은 어떤 수행에 의지해야 해탈할 수 있겠습니까?


**답**: 진여의 성품은 공이기도 하고 불공이기도 하니 무엇 때문이겠느냐? 진여의 오묘한 바탕은 형태나 어떤 모습이 없어 얻을 수 있는 것이 아니기 때문에 이를 일러 '공'이라고 한다. 그러나 어떠한 모습도 없는 '공'의 바탕 속에 갠지스강 모래알만큼 많은 공덕의 쓰임새를 다 갖추고 있어 즉각 어떤 일에도 쓰이지 못할 게 없기 때문에, 이를 일러 '불공'이라고도 한다.


經云 解一卽千從 迷一卽萬惑. 若人 守一 萬事畢 是悟道之
경운 해일즉천종 미일즉만혹 약인 수일 만사필 시오도지
妙也.
묘야
經云 森羅及萬像 一法之所印 云何一法中而生種種見. 如
경운 삼라급만상 일법지소인 운하일법중이생종종견 여
此功業 由行爲本.
차 공 업 유 행 위 본

若不降心 依文取證 無有是處. 自誑誑他 彼此俱墜 努力努
약불항심 의문취증 무유시처  자광광타 피차구추 노력노

力 細細審之.
력 세세심지

只是事來 不受 一切處 無心 得如是者 卽入涅槃 證無生法
지시사래 불수 일체처 무심 득여시자 즉입열반 증무생법

忍. 亦名不二法門 亦名無諍 亦名一行三昧.
인  역명불이법문 역명무쟁 역명일행삼매

何以故. 畢竟淸淨 無我人故. 不起愛憎 是二性空 是無所見
하이고  필경청정 무아인고  불기애증 시이성공 시무소견

卽是眞如無得之辯.
즉시진여무득지변


경에서는 "하나를 알면 천 가지를 알게 되고 하나를 모르면 온갖
것이 의혹이다."라고 하였다. 사람이 마음 하나를 잘 지키면 온갖
일이 다 해결되니 이것이 도를 깨닫는 오묘한 도리이다.


경에서 "삼라만상이 하나의 법에서 분명히 드러난다."라고 하니,
어떻게 한 법 가운데서 온갖 견해가 생겨나는가? 이와 같은 큰 공로
는 마음을 다스리는 부처님의 삶이 근본이 되어야 이룰 수 있기 때
문이다.


만약 마음을 항복 받지 않고 글에 의지하여 깨달음을 취한다면 이는
옳지 않다. 자기도 속이고 남도 속여 피차 함께 괴로움의 길로 떨어
질 것이니, 노력하고 노력하여 자세히 공부의 근본을 살펴야 한다.

다만 어떤 경계가 다가오더라도 받아들이지 않아 어떤 곳에서도 집착하는 마음이 없어야 하니, 이런 경지를 얻은 사람은 곧 열반에 들어가 무생법인無生法忍을 증득한다. 이를 둘이 아닌 '불이不二 법문'이라 하고, 또한 '다툼이 없는 법문'이라 하며, '일행삼매一行 三昧'라고 하기도 한다.

무엇 때문이냐? 언제나 맑고 깨끗하여 '나와 남이라는 분별'이 없기 때문이다. 좋아하거나 미워하는 마음을 일으키지 않으면 '온갖 성 품이 공'이며 '볼 바가 없는 것'이니, 곧 이것이 '얻을 것이 없는 진여' 를 설명하는 것이다.

육조 스님은 『육조단경』에서 '일행삼매'란 오고 가며 앉고 눕는 모든 삶 속에서 늘 '곧은 마음'을 쓰는 것이라고 하시면서, 일상생 활에서 '곧은 마음'을 쓰는 것이 참된 수행임을 거듭 강조해서 말씀 하고 있습니다.

'곧은 마음'이란 부처님 마음이 걸림 없이 나오는 것입니다. 머리 를 굴려 나의 이익과 손해를 계산하지 않고 어떤 상황이 주어지면 바로 행동에 옮기는 것인데, 그 삶 자체가 진여의 쓰임새로 여법하 게 펼쳐지는 것입니다.

옳고 그름, 좋고 나쁨을 분별하지 않고 오로지 자신한테 있는 그대로의 마음을 쓸 뿐, 망념만 없으면 그 자리가 무념이고 돈오며 진여입니다.

> 마음속에 온갖 씨앗 심어져 있어
> 시절 인연 돌아오면 싹을 틔우니
> 모든 망념 한 생각에 단숨에 떨쳐
> 그 자리서 깨달음을 저절로 맺네.[1]

---

1. 원순, 『육조단경』, 도서출판 법공양, 2005, 337p

# 41장. 중생 스스로가 자기 자신을 제도해야

衆生自度

우리는 일상적으로 부처님의 법을 배우고 받아들여야 한다고 생각합니다. 그런데 배워서 받아들이는 것보다 더 본질적인 것은, 중생 스스로가 자기 자신을 제도해야 한다는 것입니다. 자신의 마음에 있는 부처님의 성품을 깨닫고 그 성품으로 부처님의 삶을 살아야 합니다. 이를 알고 실천하는 것이 바로 돈오이니, 이야말로 진정한 수행임을 대주 스님은 다시 한번 강조하고 있습니다.

此論 不傳無信 唯傳同見同行. 當觀前人 有誠信心 堪任不
차론 부전무신 유전동견동행   당관전인 유성신심 감임불
退者 如是之人 乃可爲說 示之令悟.
퇴자 여시지인 내가위설 시지령오

돈오를 믿지 않는 사람에게는 돈오입도요문의 가르침을 전하지 말아야 한다. 오직 돈오에 대한 견해가 같고 돈오하기 위하여 수행하는 사람에게만 전해야 한다. 이를 위하여 먼저 그 사람이 성실한 믿음으로 돈오의 뜻을 감당하고 공부에서 물러나지 않을 것인가를 살펴야 한다. 이런 사람이라야 이 가르침을 전해 깨치게 할 수 있기 때문이다.

吾作此論 爲有緣人 非求名利.
오 작 차 론  위 유 연 인  비 구 명 리

只如諸佛所說千經萬論 只爲衆生迷故 心行不同 隨事應
지 여 제 불 소 설 천 경 만 론  지 위 중 생 미 고  심 행 부 동  수 사 응

說 卽有差別.
설  즉 유 차 별

如論究竟解脫理者 只是事來不受 一切處無心 永寂如空.
여 론 구 경 해 탈 리 자  지 시 사 래 불 수  일 체 처 무 심  영 적 여 공

畢竟淸淨 自然解脫.
필 경 청 정  자 연 해 탈

汝莫求虛名 口說眞如 心似猿猴.
여 막 구 허 명  구 설 진 여  심 사 원 후


내가 이 글을 지은 것은 인연이 있는 사람을 위한 것일 뿐, 하찮은 명예와 이익을 찾고자 한 것이 아니다.

부처님께서 말씀하신 경론이 수없이 많은 것은, 중생이 어리석어서 마음과 행동이 다르므로, 그 인연의 모습에 맞추어 설법함으로써 차별이 있게 된 것이다.

해탈하는 이치를 논한다면 어떤 경계를 받아들여도 집착하지 않고 모든 곳에 무심하여 허공처럼 영원토록 고요한 마음일 뿐이다. 그러므로 끝내 맑고 깨끗한 마음으로 자연스럽게 모든 번뇌에서 벗어난다.

헛된 명예를 구하고자 입으로 진여를 말하면서, 그대들은 원숭이처럼 마음을 날뛰게 하지 말라.

卽言行 相違 名爲自誑 當墜惡道.
즉 언 행 상 위 명 위 자 광 당 추 악 도

莫求一世虛名快樂. 不覺 長劫受殃 努力努力.
막 구 일 세 허 명 쾌 락 불 각 장 겁 수 앙 노 력 노 력

衆生而自度 佛不能度. 若佛能度衆生時 過去諸佛 如微塵
중 생 이 자 도 불 불 능 도 약 불 능 도 중 생 시 과 거 제 불 여 미 진

數 一切衆生 總應度盡 何故 我等 至今 流浪生死 不得成佛.
수 일 체 중 생 총 응 도 진 하 고 아 등 지 금 유 랑 생 사 부 득 성 불

當知 衆生 自度 佛不能度.
당 지 중 생 자 도 불 불 능 도

努力努力 自修 莫倚他佛力. 經 云 夫求法者 不著佛求.
노 력 노 력 자 수 막 의 타 불 력 경 운 부 구 법 자 불 착 불 구


말과 행동이 서로 어긋나는 것은 스스로 속이는 짓들이니 험한 지옥
에나 떨어질 일이다.

한세상 헛된 명예와 쾌락을 추구하지 말라. 자신도 모르는 사이에
영겁의 재앙을 받게 된다. 수행에 힘쓰고 노력할지어다.

중생 스스로가 자신을 제도하는 것이지, 부처님이 제도할 수 있는
것이 아니다.

부처님이 중생들을 제도할 수 있었다면, 세상의 티끌보다도 많은
과거 많은 부처님께서 모든 중생을 이미 다 제도하여 마쳤을 것이
다. 그런데 우리는 어찌하여 지금까지 생사에서 윤회하며 부처님
이 되지 못하고 있단 말인가.

그러므로 중생 스스로가 자신을 제도하는 것이지 부처님이 제도하
는 것이 아니란 사실을 분명히 알아야 한다.

힘쓰고 노력하여 스스로 수행하되 바깥에 있는 다른 부처님의 힘에 의지하지 말아야 한다. 이를 경에서는 "올바른 법을 구하는 사람은 바깥 부처님만 집착하고 찾아다녀서는 안 된다."라고 하였다.

"돈오를 믿지 않는 사람에게는 『돈오입도요문』의 가르침을 전하지 말아야 한다."라는 대주 스님의 당부는 우리에게 강렬한 인상을 줍니다. 하지만 믿음이 없다고 무조건 책을 덮어 놓고 일러주지 말라는 것이 아닙니다. 역설적으로 누구든지 이 가르침에 대한 믿음을 내고 얼른 부지런히 공부하라는 자비심에서 하는 말씀임을 알아차려야 합니다. 자기 마음속의 보물을 찾아야 진정한 불자이지, 바깥 경계에 집착해서는 안 된다는 뜻입니다.

육조 스님도 『육조단경』에서 '네 가지 큰 원력을 실천해야 하는 사홍서원四弘誓願'을 말하면서, '자신의 마음속 중생을 스스로가 제도해야 할 것'을 강조하고 있습니다. 우리는 보통 자신이나 주변 사람이 살아가는 모습을 보고 중생이라고 하는데, 육조 스님은 '겉모습만 보고 시비 분별하는 마음'을 중생이라고 합니다. 이 세상의 온갖 모습으로 드러난 것이 중생이 아니라, 삶의 경계에서 질투하는 마음, 성내는 마음, 시비하는 마음, 속이는 마음으로 살아가고 있는 모습을 중생이라고 말합니다.

이런 마음을 중생이라고 하면, 이 마음만 일으키지 않으면 그 자리에서 모든 중생이 제도되니, 중생이 사라진 부처님의 세상을 살게 되겠지요. 이런 가르침을 바로 알고 도道에 들어가는 삶이 '돈오頓悟'입니다.

# 42장. 섞여 살 뿐 행동을 같이하지 않으니

同處不同住

온갖 마음이 쉬어진 곳에 몸을 둔 도인은 시끄러운 천만 군중 속에 있어도 사람 그림자가 영원히 끊어진 깊은 산중에 있는 것처럼, 몸과 마음이 편안하고 한가롭습니다. 다만 아직 그 자리에 가지 못했기에 대주 스님께서 업이 두터운 중생들과 함께 살면서도 부처님 마음을 지니고 살 수 있도록 가르침을 내려주셨습니다.

問 於來世中 多有雜學之徒 云何共住.
어 내 세 중 다 유 잡 학 지 도 운 하 공 주

答 但和其光 不同其業 同處不同住.
단 화 기 광 부 동 기 업 동 처 부 동 주

經 云 隨流而性常也. 只如學道者 自爲大事因緣解脫之
경 운 수 류 이 성 상 야 지 여 학 도 자 자 위 대 사 인 연 해 탈 지

事. 俱勿輕末學 敬學如佛.
사 구 물 경 말 학 경 학 여 불

不高己德 不疾彼能 自察於行 不擧他過 於一切處 悉無
불 고 기 덕 부 질 피 능 자 찰 어 행 불 거 타 과 어 일 체 처 실 무

妨礙 自然 快樂也. 重說 偈云
방 애 자 연 쾌 락 야 중 설 게 운

忍辱第一道 先須除我人 事來無所受 卽眞菩提身.
인 욕 제 일 도 선 수 제 아 인 사 래 무 소 수 즉 진 보 리 신

문: 다가오는 다음 세상에도 잡다한 사람이 많을 것인데 어떻게 그들과 함께 머물러야 합니까?

답: 다만 부드럽게 섞여 살 뿐 그들과 똑같은 마음으로 행동을 함께 하지는 않으니, 같은 곳에 살지만 같은 마음으로 머무는 것이 아니다. 이를 경에서는 "흘러가는 인연을 따라가지만, 부처님의 성품은 영원하다."라고 말한다.

도를 배우는 사람은 스스로 큰 인연 생사 해탈하는 일만 위해야 한다. 아직 도를 배우지 못한 사람들을 업신여기지 말고, 배우고 있는 사람들을 부처님처럼 공경해야 한다.

자신의 덕을 높이지 않고 다른 사람의 능력을 질투하지 않으며 스스로 자신의 삶을 살피고 다른 사람의 허물을 들추지 않는다면, 어떤 곳에서라도 방해될 것이 전혀 없어 자연스레 유쾌하고 즐거울 것이다. 이 내용을 게송으로 거듭 말하노니

참는 마음 도 닦는 데 제일가는 덕목이니
모름지기 먼저 나와 남이라는 모습 없애
온갖 인연 오더라도 집착하는 일 없어야
이야말로 부처님의 깨달음이 아닐쏘냐.

지금 이 자리에서 나와 남을 집착하고 시비 분별하는 자기 생각만 버리면 바로 부처님입니다. 이 돈오돈수의 가르침을 믿고 늘 부처님 마음을 품고 살아가는 사람은 그 삶도 부처님과 같습니다. 그러므로 중생과 함께 살아도 쓰는 마음은 중생과 다를 수밖에 없습니다.

마라나 존자도 "세상 인연을 따라서 그 성품을 알면 기뻐하거나 근심할 것이 없다[隨流認得性 無喜亦無憂]."라고 하셨으니 흘러가는 모든 인연이 공성인 줄 알면 평온한 마음으로 인연을 따르며 그 마음은 여여할 것입니다.

　　내 마음이 온갖 경계 따라가면서
　　가는 곳곳 빠짐없이 그윽한 이치
　　온갖 인연 흐름 속에 참 성품 알면
　　기쁘거나 슬플 것이 전혀 없다네.

# 43장. 어떤 곳에도 집착하는 마음 없어

一切處無心

조사 스님들의 법문 가운데 중요한 가르침이 하나 있으니 이른바 '무심無心'입니다. 왜 그럴까요. 분별하는 마음이 있으면 불안하지만 이런 마음이 없으면 스스로 즐겁기 때문입니다.

> 金剛經 云 菩薩 無我法者 如來說名眞是菩薩
> 금 강 경 운 보 살 무 아 법 자 여 래 설 명 진 시 보 살
> 又云 不取卽不捨 永斷於生死 一切處 無心 卽名諸佛子.
> 우 운 불 취 즉 불 사 영 단 어 생 사 일 체 처 무 심 즉 명 제 불 자
> 涅槃經 云 如來證涅槃 永斷於生死. 偈曰
> 열 반 경 운 여 래 증 열 반 영 단 어 생 사  게 왈

『금강경』에서 "보살이 '나'와 '법'이라는 모습에 집착이 없는 것 이를 일러 여래께서는 '참 보살'이라 한다."라고 하며, 또 "경계를 취하지도 않고 버리지도 않기에 영원히 생사를 끊어 어떤 곳에서도 집착하는 마음이 없다면 곧 이를 일러 '모든 부처님의 제자'라 한다."라고 하였다.

『열반경』에서는 "여래께서 열반을 증명하여 영원히 생사를 끊었다."라고 하였다. 게송으로 말하겠다.

我今意況大好　他人罵時無惱
아 금 의 황 대 호　타 인 매 시 무 뇌

無言不說是非　涅槃生死同道.
무 언 불 설 시 비　열 반 생 사 동 도

나에게는 지금 마음 너무나도 즐거워서

다른 사람 삿대질에 괴로움도 전혀 없고

텅 빈 마음 말이 없어 시빗거리 찾지 않아

이 자리에 열반 생사 차별 없이 똑같은 도.


識達自家本宗　猶來無有靑皂
식 달 자 가 본 종　유 래 무 유 청 조

一切妄想分別　將知世人不了.
일 체 망 상 분 별　장 지 세 인 불 료

자신과 늘 함께 있는 본디 마음 환히 알아

이날까지 검고 푸른 분별없이 살아가니

중생계에 존재하는 온갖 망상 분별들은

세상 사람 그 진실을 알지 못해 생겼다네.


寄言凡夫末代　除却心中藁草
기 언 범 부 말 대　제 각 심 중 고 초

我今意況大寬　不語無事心安.
아 금 의 황 대 관　불 어 무 사 심 안

말법 시대 중생에게 한마디를 덧붙이니
마음속의 쓸데없는 온갖 분별 제거하라
나에게는 지금 마음 바다같이 넓고 넓어
말이 없어 일도 없고 마음 씀이 편안하네.


從容自在解脫　東西去易不難
종용 자재 해 탈　동 서 거 이 불 난
終日無言寂寞　念念向理思看.
종 일 무 언 적 막　염 념 향 리 사 간


부드러운 그 얼굴이 자유로운 해탈이고
이리저리 오가는 일 어려운 것 하나 없어
종일토록 말이 없이 그 주변이 적막해도
생각마다 이치 향해 모든 일을 보아간다.


自然逍遙見道　生死定不相干
자 연 소 요 견 도　생 사 정 불 상 간
我今意況大奇　不向世上侵欺.
아 금 의 황 대 기　불 향 세 상 침 기


자연스레 노닐면서 참된 도를 찾게 되어
생사 문제 이 자리에 상관할 일 아니므로
쓰고 있는 나의 마음 신기하고 기특해도
세상 사람 해치거나 속이는 일 아니더라.

248

榮華總是虛誑　弊衣麤食充飢
영 화 총 시 허 광　폐 의 추 식 충 기

道逢世人懶語　世人咸說我癡.
도 봉 세 인 라 어　세 인 함 설 아 치


부귀영화 펼쳐져도 이 모든 게 거짓이라
해진 옷과 거친 음식 살아감에 충분하여
세상 사람 만났어도 이런저런 말이 없자
모두 나를 어리석은 사람이라 말을 하네.


外現瞠瞠暗鈍　心中明若琉璃
외 현 당 당 암 둔　심 중 명 약 유 리

默契羅睺密行　非如凡夫所知
묵 계 라 후 밀 행　비 여 범 부 소 지


吾恐汝等 不會了眞解脫理 再示汝等.
오 공 여 등 불 회 료 진 해 탈 리 재 시 여 등


휘둥그레 눈을 뜨니 겉보기에 둔한 모습
마음속은 밝은 지혜 유리처럼 투명하니
자연스레 합쳐지는 부처님 삶 숨은 뜻은
중생들이 알 수 있는 그런 경계 아니지만


참 해탈의 이치 알지 못할까 봐 걱정되어
내가 다시 그대에게 이 이치를 보이노라.

『금강경』에서 나와 법이라는 모습에 집착이 없는 것, 아상我相과 법상法相이 없는 것을 '무아법자無我法者'라고 합니다. 아상은 '나'라는 것에 집착하여 나를 끊임없이 내세워 번뇌를 일으키는 것이며 법상은 세상에서 일어나는 온갖 일에 마음 흔들려 번뇌를 일으키는 것을 말합니다. 그러므로 나와 법이라는 모습에 집착 없이 살아가는 사람이 보살입니다. 어떤 상황에서도 자기 생각을 일으켜 인연을 거스르는 법이 없습니다.

『열반경』에서 "경계를 취하지도 않고 버리지도 않기에 영원히 생사를 끊어 어떤 곳에서도 집착하는 마음이 없다면, 곧 이를 일러 '모든 부처님의 제자'라 한다."라고 하였습니다. 여기서 생사란 생각이 한 번 일어났다 사라지는 것을 말합니다. 끊임없이 생각을 일으켜 분별하는 것이 중생의 업입니다. 자기한테 주어지는 이익과 손해, 내 뒤에서 하는 험담과 칭찬, 내 눈앞에서 하는 비방과 칭찬, 괴로움과 즐거움 이 여덟 가지 경계에서 오만 가지 생각이 일어났다가 사라지며 중생의 마음은 번뇌로 가득 찹니다.

그러나 부처님의 텅 빈 마음은 말이 없어 시빗거리를 찾지 않습니다. 그러므로 이 자리에 열반과 생사가 차별 없이 똑같습니다. 시비 분별하는 마음이 없기에 상대방의 말과 행동에 억하심정이 일어나지 않습니다. 그 사람이 나에게 하는 일이 나에게 전혀 영향을 미치지 않습니다. 생사도 인연에 따라 부질없이 일어날 뿐, 허깨비 같은 그림자이기에 실상이 없습니다. 허깨비 놀음에 놀아나지 않고 본질을 알면 내 마음도 텅 빈 부처님 마음이 됩니다. 중생의 생사와 부처님의 열반이 같게 되는 것이지요.

하루 종일 죽 끓듯이 일어나는 마음을 영원히 끊어 중생의 마음이 사라진다면 그 자리에서 부처님 마음이 환하게 드러날 것입니다.

분별하는 마음 갖고 살지 말지니
생멸 없는 그 마음이 편안한 마음
세상일에 관여하고 시비한다면
걸핏하면 그 마음에 속고 살리라.

# 44장. 부처님 마음자리

畢竟淨 畢竟證 眞解脫 畢竟得 畢竟空 眞如定

'필경畢竟'은 중생의 마음을 완전히 깨끗하게 하는 마지막 마음자리를 말하고, '정淨'은 그 자리가 '깨끗하다'는 의미입니다. 따라서 '필경정畢竟淨'은 오염된 중생의 마음을 정화시켜 마침내 깨끗한 마음이 되었다는 뜻이니, 이 마음자리가 부처님 마음이지요. 이 부처님 마음자리를 마침내 증득한 것을 '필경증畢竟證'이라고 말합니다.

부처님의 가르침은 깨달음을 얻기 위한 임시방편이니 추구하는 목적이 달성되면 방편은 쓸모없어집니다. 방편은 부처님의 마음자리를 드러내기 위하여 중생의 병에 맞추어 임시로 쓰는 약과도 같습니다. 병이 나으면 치료할 약이 필요 없듯, 부처님의 마음자리가 드러나면 모든 방편이 사라져 마침내 텅 빈 각성만 남습니다. 이것을 우리는 '필경공畢竟空'이라고 합니다.

필경공에서 실상의 이치가 드러나고, 실상의 이치가 드러나는 곳이 바로 '참 해탈[眞解脫]'입니다. 이 자리는 참으로 여여하면서 고요하니 '진여정眞如定'이며, 마침내 이것이 '깨달음[畢竟證]'이요

'도를 얻는 자리[畢竟得]'입니다. 이 장에서 필경정畢竟淨, 필경증 畢竟證, 진해탈眞解脫, 필경득畢竟得, 필경공畢竟空, 진여정眞如定 을 한데 묶은 것은 이처럼 모두 부처님 마음자리를 뜻하기 때문입 니다.

## ♡ 필경정 _수행의 마지막 단계에서 얻는 선정

問 維摩經 云 欲得淨土 當淨其心 云何是淨心.
　유 마 경　운　욕 득 정 토　당 정 기 심　운 하 시 정 심

答 以畢竟淨 爲淨.
　이 필 경 정　위 정

문:『유마경』에서 "부처님의 깨끗한 국토를 얻으려면 그 마음을 깨 끗이 해야 한다."라고 하니, 어떤 것이 마음을 깨끗하게 하는 것입니 까?

답: 마침내 '번뇌가 다 사라진 마음'을 깨끗한 마음으로 삼는 것이다.

問 云何是畢竟淨 爲淨.　答 無淨無無淨 卽是畢竟淨.
　운 하 시 필 경 정　위 정　　　무 정 무 무 정　즉 시 필 경 정

문: 어떤 것이 마침내 '번뇌가 다 사라진 마음'을 깨끗한 마음으로 삼는 것입니까?

답: '깨끗할 것도 없고' '깨끗할 게 없다는 그 생각조차 없는 것'이 곧 마침내 '번뇌가 다 사라진 마음'이다.

問 云何是無淨無無淨.
운하시무정무무정

答 一切處無心 是淨. 得淨之時 不得作淨想 卽名無淨也
일체처무심 시정 득정지시 부득작정상 즉명무정야

得無淨時 亦不得作無淨想 卽是無無淨也.
득무정시 역부득작무정상 즉시무무정야

문: 어떤 것이 '깨끗이 할 것도 없고' '깨끗할 게 없다는 그 생각조차 없는 것'입니까?

답: 어떤 곳에서도 '집착하는 마음이 없는 것'이 '번뇌가 다 사라진 마음'이다. 그 깨끗한 마음을 얻을 때 '깨끗하다는 생각'을 내지 않는 것, 이를 일러 '깨끗할 것도 없다'라고 한다. '깨끗할 게 없다는 것'을 얻을 때, 또한 '깨끗할 게 없다는 그 생각'조차 내지 않는 것, 이를 일러 곧 '깨끗할 게 없다는 그 생각조차 없는 것'이라고 한다.

## ♥ 필경증 _수행의 마지막 단계에서 증득하는 깨달음

問 修道者 以何爲證.
수도자 이하위증

答 畢竟證 爲證.
필경증 위증

問 云何是畢竟證.
운하시필경증

答 無證無無證 是名畢竟證.
무증무무증 시명필경증

문: 도 닦는 사람은 무엇으로 깨달음을 삼습니까?

답: '마지막 깨달음'을 깨달음으로 삼는다.

문: 어떤 것이 '마지막 깨달음'입니까?

답: '깨달을 것'도 없고 '깨달을 게 없다는 그 생각'조차 없는 것, 이를 일러 '마지막 깨달음'이라고 한다.


問 云何 是無證 云何 是無無證.
　운하　시무증　운하　시무무증

答 於外 不染色聲等 於內 不起妄念心 得如是者 卽名爲證.
　어외　불염색성등　어내　불기망념심　득여시자　즉명위증

　得證之時 不得作證想 卽名無證也 得此無證之時 亦不
　득증지시　부득작증상　즉명무증야　득차무증지시　역부

　得作無證想 卽名無無證也.
　득작무증상　즉명무무증야


문: 어떤 것이 '깨달을 게 없는 것'이며, 어떤 것이 '깨달을 게 없다는 그 생각조차 없는 것'입니까?

답: 밖으로는 색과 소리에 집착하지 않고 안으로는 헛된 생각을 일으키지 않는 것, 이를 일러 '깨달음'이라 한다. 깨달음을 얻을 때 깨달음을 얻었다는 생각을 내지 않는 것, 이를 일러 '깨달을 게 없는 것'이라 한다. 이 '깨달을 게 없는 것'을 얻을 때, 또한 '깨달을 게 없는 것'이라는 생각을 내지 않는 것, 이를 일러 '깨달을 게 없다는 그 생각조차 없는 것'이라고 한다.

## ♡ 진해탈 _어떤 것이 해탈한 마음인가

問 云何解脫心.
　운 하 해 탈 심

答 無解脫心 亦無無解脫心 即名眞解脫也.
　무 해 탈 심 역 무 무 해 탈 심 즉 명 진 해 탈 야

　經 云 法尙應捨 何況非法也 法者 是有 非法 是無也.
　경 운 법 상 응 사 하 황 비 법 야 법 자 시 유 비 법 시 무 야

　但不取有無 即眞解脫.
　단 불 취 유 무 즉 진 해 탈


문: 어떤 것이 해탈한 마음입니까?

답: '해탈한 마음'도 없고 또한 '해탈한 마음이 없다는 그 생각'조차 없는 것 이를 일러 '참 해탈'이라고 한다.

『금강경』에서 "법조차도 오히려 버려야 하거늘, 하물며 법 아닌 것이야 더 말할 필요가 있겠는가."라고 하였는데, '법'은 '유有'를 말하는 것이요, '법 아닌 것'은 '무無'를 말한다. 다만 '유有'와 '무無'를 취해 집착하지 않는다면 이것이 곧 '참 해탈'이니라.

問 云何得道.
　　운 하 득 도

答 以畢竟得 爲得.
　　이 필 경 득　위 득

問 云何是 畢竟得.
　　운 하 시　필 경 득

答 無得無無得 是名畢竟得也.
　　무 득 무 무 득　시 명 필 경 득 야


문: 어떻게 도를 얻습니까?

답: '마지막 번뇌가 사라져 도를 얻는 것'을 '도를 얻는 것'으로 삼는
다.


문: 어떤 것이 '마지막 번뇌가 사라져 도를 얻는 것'입니까?

답: 도를 얻을 것도 없고 '도를 얻을 게 없다는 그 마음조차 없는 것',
이를 일러 '마지막 번뇌가 사라져 도를 얻는 것'이라고 한다.

## 🌱 필경공 _수행의 마지막 단계에서 얻는 공空

問 云何 是畢竟空.
　운 하 시 필 경 공

答 無空無無空 卽名畢竟空.
　무 공 무 무 공 즉 명 필 경 공

문: 어떤 것이 공부하면서 '마지막에 얻는 공空'입니까?

답: '공空인 것'도 없고 '공空이 없다는 그 마음조차 없는 것', 이를

일러 '마지막에 얻는 공'이라고 한다.

問 云何 是眞如定.
　운하　시진여정

答 無定無無定 卽名眞如定. 經 云 無有定法 名阿耨多羅
　무정무무정　즉명진여정　경　운　무유정법　명아뇩다라

　三藐三菩提 亦無定法如來可說.
　삼먁삼보리　역무정법여래가설

　經 云 雖修空 不以空爲證 不得作空想 卽是也.
　경　운　수수공　불이공위증　부득작공상　즉시야

　雖修定 不以定爲證 不得作定想 卽是也.
　수수정　불이정위증　부득작정상　즉시야

문: 어떤 것이 '진여의 선정'입니까?

답: 선정인 것도 없고 '선정이 없다는 그 마음조차 없는 것', 곧 이를 일러 '진여의 선정'이라고 한다. 경에서는 "결정된 법이 없는 것 이를 일러 '높고도 올바른 깨달음'이라 하며, 또한 여래께서 말씀하실 만한 결정된 법이 없다."라고 하였다.

경에서 "공空을 닦더라도 공을 깨달음으로 삼아서는 안 된다."라고 하였으니, '공이라는 생각을 내지 않는 것'이 곧 이것이다. "선정을 닦더라도 선정을 깨달음으로 삼아서는 안 된다."라고 하였으니, '선정이라는 생각을 내지 않는 것'이 곧 이것이다.

雖得淨 不以淨爲證 不得作淨想 卽是也.
수득정 불이정위증 부득작정상 즉시야

若得定得淨得一切處無心之時 卽作得如是想者 皆是妄想
약득정득정득일체처무심지시 즉작득여시상자 개시망상

卽被繫縛 不名解脫.
즉피계박 불명해탈

若得如是之時 了了自知 得自在 卽不得將此爲證 亦不得作
약득여시지시 요료자지 득자재 즉부득장차위증 역부득작

如是想時 得解脫.
여시상시 득해탈

經 云 若起精進心 是妄 非精進也. 若能心不妄 精進 無有涯.
경 운 약기정진심 시망 비정진야 약능심불망 정진 무유애


"깨끗한 마음을 얻더라도 깨끗한 마음을 깨달음으로 삼아서는 안
된다."라고 하였으니, '깨끗한 마음이라는 생각을 내지 않는 것'이
곧 이것이다.


만약 '선정'을 얻고 '깨끗한 마음'을 얻으며 '어떤 곳에도 집착 없는
마음'을 얻었을 때 '이와 같은 것을 얻었다는 생각'을 낸다면 모두가
다 망상이니, 곧 이런 생각에 얽매이는 것을 해탈이라 하지 않는다.


만약 이와 같은 경계를 얻었을 때 분명히 스스로 알고 자유자재하지
만, 이런 것을 깨달음으로 삼지 않고 또한 이런 생각을 내지 않을
때라면 해탈을 얻는 것이다.

『법구경』에서 이르기를 "정진하려는 마음을 일으킨다면 이는 헛된 생각이요, 참된 정진이 아니다. 만약 마음에 헛된 생각만 안 일으킨다면 참된 정진은 그 끝이 없느니라."라고 하였다.

『법구경』에서 하는 이야기는 부처님 마음자리를 표현한 것이고, 중생은 번뇌 속에서 살아가기에 늘 정진하려는 마음을 일으켜야 합니다.

중생이 수행할 때 이 수행 역시 분별 속에서 이루어지는 것이라 헛것이라고 할 수 있습니다. 그러나 원각경에서 '이환치환以幻治幻'이라고 했듯이 중생은 환 같은 수행으로 환 같은 번뇌를 다스려야 합니다. 환 같은 수행으로 환 같은 번뇌가 사라져 마음에 헛된 생각만 없으면 부처님 마음자리입니다. 이 부처님 마음은 영원하기에, 언제 어디서나 부처님 마음이 끊임없이 이어지는 이것이 참된 정진입니다.

# 45장. 어떤 곳에도 집착이 없는 것이 중도

## 中道一切處無心

'중도'란 단순명료하게 표현하면 '부처님 마음'입니다. 이 부처님 마음은 아상이 없는 맑고 깨끗한 마음입니다. 이 마음은 모든 인연이 맺어지면 그대로 받아들이고 흩어지면 그대로 보내주기에 어느 곳에도 집착이 없어, '일체처무심一切處無心'이라 할 수 있습니다. 여기서 무심無心은 '참마음'이 없다는 것이 아니라 헛된 생각으로 시비 분별하는 중생의 마음이 없다는 것입니다. 시비 분별로 끊임없이 생겼다가 사라지는 헛된 마음이 없다는 '무생멸심無生滅心', '무생사심無生死心', 시비 분별하는 알음알이 지혜가 없다는 '무분별지無分別智'와 같은 표현입니다. 시비하고 분별하는 마음이 없기에 이 마음은 한없이 자유롭고 자유자재하여 해탈이라고도 합니다. 중도, 일체처무심, 해탈은 다 같은 의미입니다.

問 如何 是中道.
여하 시중도

答 無中間 亦無二邊 卽中道也
무 중 간 역무 이 변 즉 중 도 야

問 云何 是二邊.　答 爲有彼心 有此心 卽是二邊.
운하 시이변　　위유피심 유차심 즉시이변

문: 어떤 것이 중도입니까?

답: 중간도 없고 한쪽에 치우침도 없는 게 중도이다.

문: 한쪽에 치우치는 게 어떤 것입니까?

답: '저 마음이 있기에 이 마음이 있다'라고 집착하는 게 한쪽에 치우치는 것이다.

問　云何名彼心此心.
　　운 하 명 피 심 차 심

答　外縛色聲 名爲彼心 內起妄念 名爲此心.
　　외 박 색 성　명 위 피 심　내 기 망 념　명 위 차 심

　　若於外 不染色 卽名無彼心 內不生妄念 卽名無此心 此
　　약 어 외　불 염 색　즉 명 무 피 심　내 불 생 망 념　즉 명 무 차 심　차

　　非二邊也.
　　비 이 변 야

문: 무엇을 '이 마음'이나 '저 마음'이라고 합니까?

답: 바깥 경계에서 색이나 소리에 얽매이는 것을 '저 마음'이라 하고, 안의 마음에서 헛된 생각을 일으키는 것을 '이 마음'이라고 한다.

바깥 경계에서 색이나 소리에 집착하지 않는 것을 일러 '저 마음이 없는 것'이라 하고, 안의 마음에서 헛된 생각을 일으키지 않는 것을 일러 '이 마음이 없는 것'이라고 하는데, 이것이 바로 어느 한쪽에 치우쳐서 집착하는 마음이 아니라는 것이다.

心既無二邊 中亦何有哉. 得如是者 卽名中道 眞如來道. 如
심 기 무 이 변　중 역 하 유 재　득 여 시 자　즉 명 중 도　진 여 래 도　여

來道者 卽一切覺人解脫也. 經 云 虛空 無中邊 諸佛身 亦然.
래 도 자　즉 일 체 각 인 해 탈 야　경 운 허 공　무 중 변　제 불 신　역 연

然 一切色空者 卽一切處無心也.
연　일 체 색 공 자　즉 일 체 처 무 심 야

一切處無心者 卽一切色性空 二義無別 亦名色空 亦名色無
일 체 처 무 심 자　즉 일 체 색 성 공　이 의 무 별　역 명 색 공　역 명 색 무

法也.
법 야


마음에 이미 '어느 한쪽에 치우쳐서 집착하는 마음'이 없다면 '중도'
또한 어디에 있겠느냐? 이러한 치우침 없는 마음을 일러 '중도'라고
하니 '참된 여래의 도'이니라. '여래의 도'란 곧 '깨달은 사람 모두의
해탈'이다.


경에 이르기를 "허공에 중간도 없고 가장자리도 없듯이 모든 부처
님의 몸 또한 그러하다."라고 하였다. 그리하여 온갖 '색色'이 '공空'
이란 것은 곧 '어떤 곳에도 집착하는 마음이 없다'는 것이다.


'어떤 곳에도 집착하는 마음이 없다'는 것이란, 곧 온갖 '색色'의 성
품 자체가 공이기 때문이니 양쪽의 뜻이 서로 다를 게 없어 또한
이를 일러 '색色이 공空'이라고 하며, 또한 '색에 결정되어 있는 어떤
법이 없다'라고 한 것이다.


264

汝若離一切處無心　得菩提解脫　涅槃寂滅　禪定見性者　非
여약리일체처무심　득보리해탈　열반적멸　선정견성자　비

也.
야

一切處無心者　即修菩提解脫涅槃寂滅禪定及至六度　皆見
일체처무심자　즉수보리해탈열반적멸선정급지육도　개견

性處.
성처

何以故.　金剛經　云　無有少法可得　是名阿耨多羅三藐三菩
하이고　금강경　운　무유소법가득　시명아뇩다라삼먁삼보

提也.
리야


그대가 만약 '어떤 곳에도 집착하는 마음이 없다'는 것을 떠나서
깨달음, 해탈, 열반, 적멸, 선정, 견성見性을 얻었다고 집착하면 그
릇된 것이다.


'어떤 곳에도 집착하는 마음이 없다'는 것이 곧 깨달음, 해탈, 열반,
적멸, 선정 나아가 육바라밀을 제대로 닦는 것이니 이 모두가 '견성
見性'하는 곳이니라.


무엇 때문이겠냐? 『금강경』에서 이르기를 "조그마한 법이라도
얻을 만한 게 없는 것, 이를 일러 '높고도 올바른 깨달음'이라고 한
다."라고 하였기 때문이다.

해탈은 모든 번뇌에서 벗어난 자리이고, 열반은 모든 번뇌가 다 타버려 식은 재처럼 다시 번뇌가 일어나지 않는 것입니다. 적멸은 모든 번뇌가 사라진 텅 빈 고요한 마음이며, 이 마음을 선정이라고 말하기도 합니다. 해탈이나 열반, 적멸, 선정은 우리 마음의 참 성품을 보고 깨달은 곳이므로, 이를 견성見性이라고 합니다.

우리는 무명 너머에 있는 부처님 세상을 아직 가 보지 못했기에, 깨달음과 해탈, 열반, 적멸, 선정이라는 여러 가지 가르침을 통해 그 세상을 향해 가고 있습니다. 한 걸음 더 나아가 금강경에서는 깨달음을 얻었다는 생각조차 없어야 한다고 설파하였으니, 어떤 곳에도 집착하는 마음이 없는, 중도 그 자리에 바로 부처님이 계실 것입니다.

> 부처님의 지혜 모두 밝은 깨달음
> 깨달음의 본디 성품 끝이 없는데
> 무엇으로 부처님이 될 수 있을까
> 얻는 바가 없으므로 성불을 하지.[1]

---

1. 원순, 『부대사 금강경』, 208-209p

# 46장. 어떤 곳에도 집착 없는 마음이 해탈

一切處無心解脫

제바달다는 부처님의 사촌 동생으로 부처님을 시기하고 해치려
했다가 뜻을 이루지 못하고 산 채로 무간지옥에 떨어졌다고 합니
다. 그런데 『연꽃법화경』에서 부처님은 전생에 제바달다의 가르
침을 받고 성불했다고 하면서 제바달다에게 수기를 주고 있습니
다. 부처님께서 주시는 수기란 수행자에게 어떤 의미가 있을까요?
수기를 받아야 부처님이 되는 것일까요? 대주스님께서는 진정한
수기의 의미를 말씀하십니다.

問  若有修一切諸行 具足成就 得受記否.  答  不得.
　　약 유 수 일 체 제 행  구 족 성 취  득 수 기 부　　　부 득
問  若以一切法無修 得成就 得受記否.  答  不得.
　　약 이 일 체 법 무 수  득 성 취  득 수 기 부　　　부 득

**문:** 온갖 행을 닦아 모든 것을 성취하면 '수기'를 받을 수 있습니
까?
**답:** 받을 수 없다.

문: '온갖 법을 닦음이 없는 법'으로써 성취하면 '수기'를 받을 수 있습니까?

답: 받을 수 없다.


問 若恁麽時 當以何法而得受記.
　　약 임 마 시 　당 이 하 법 이 득 수 기

答 不以有行 亦不以無行 卽得受記 何以故.
　　불 이 유 행 　역 불 이 무 행 　즉 득 수 기 　하 이 고

　維摩經 云 諸行性相 悉皆無常.
　유 마 경 　운 　제 행 성 상 　실 개 무 상

　涅槃經 云 佛告迦葉 諸行是常 無有是處.
　열 반 경 　운 　불 고 가 섭 　제 행 시 상 　무 유 시 처


문: 그렇다면 어떻게 해야 '수기'를 받을 수 있습니까?

답: '있다'는 것으로써 수행하지 않고 또한 '없다'는 것으로써 수행하지 않는다면 곧 '수기'를 받을 수 있으니 무엇 때문이겠느냐? 『유마경』에서 이르기를 "모든 수행의 성품과 그 모습은 모두가 다 무상하다."라고 하였고, 『열반경』에서 "부처님이 가섭에게 이르되 온갖 수행이 영원하다고 주장하는 것은 옳지 않다."라고 하였기 때문이다.


汝但一切處無心 卽無諸行 亦無無行 卽名受記.
여 단 일 체 처 무 심 　즉 무 제 행 　역 무 무 행 　즉 명 수 기

所言一切處無心者 無憎愛心 是.
소 언 일 체 처 무 심 자 　무 증 애 심 　시

言憎愛者 見好事 不起愛心 即名無愛心也 見惡事 亦不起憎
언증애자 견호사 불기애심 즉명무애심야 견악사 역불기증

心 即名無憎心也.
심 즉명무증심야

無愛者 即名無染心 即是色性空也.
무애자 즉명무염심 즉시색성공야

色性空者 即是萬緣俱絶 萬緣俱絶者 自然解脫.
색성공자 즉시만연구절 만연구절자 자연해탈

그대가 다만 어떤 곳에서도 집착하는 마음이 없다면, 곧 어떤 수행
도 없고 또한 '어떤 수행도 없다는 그 생각'조차 없으니 곧 이를 일러
'수기'라고 한다.

'어떤 곳에서도 집착하는 마음이 없다'고 말하는 것은, '미워하는
마음'도 없고 '좋아하는 마음'도 없다는 것이다.

'미워하는 마음'과 '좋아하는 마음'이란 무엇인가?

좋은 일을 보아도 좋아하는 마음을 일으키지 않는 것 곧 이를 일러
'좋아하는 마음이 없다'고 하고, 나쁜 일을 보고도 또한 미워하는
마음을 일으키지 않는 것 곧 이를 일러 '미워하는 마음이 없다'고
한다.

'좋아하는 마음이 없다'는 것은 '집착하는 마음이 없다'는 것이니

곧 '색色의 성품' 자체가 '공空'이기 때문이다. 색의 성품이 공이라는 것은 곧 온갖 인연이 다 함께 끊어진 곳이요, 온갖 인연이 다 함께 끊어졌다는 것은 자연히 해탈하는 것이다.

汝細看之 若未惺惺了時 卽須早問 勿使空度.
여세간지 약미성성료시 즉수조문 물사공도

汝等 若依此敎修 不解脫者 吾卽終身爲汝受大地獄.
여등 약의차교수 불해탈자 오즉종신위여수대지옥

吾若誑汝者 吾當所生處 爲師子虎狼所食.
오약광여자 오당소생처 위사자호랑소식

汝若不依敎 自不勤修 卽不知也.
여약불의교 자불근수 즉부지야

一失人身 萬劫不復 努力努力 須合知爾.
일실인신 만겁불복 노력노력 수합지이

그대가 이 이치를 자세히 살피되 아직 환하게 알지 못했다면 곧 서둘러 선지식을 찾아 이 이치를 물어야 하니 헛되이 세월만 보내서는 안 될 것이다.

그대들이 이 가르침에 기대어 수행해도 해탈하지 못한다면 나는 이 몸이 다하도록 그대들이 받을 온갖 지옥의 고통을 대신 받게 될 것이다.

내가 만약 그대들을 속인 것이라면, 내가 태어나는 곳마다 사자,

호랑이, 이리 같은 들짐승의 먹이가 될 것이다.

그대가 만약 이 가르침에 기대지 않고 스스로 부지런히 수행하지 않는다면 이는 내 알 바가 아니다.

한번 사람의 몸을 잃게 되면 오랜 세월 다시 이 몸을 가질 수 없으니, 부지런히 노력하고 노력하여 모름지기 진실을 알아야 한다.

부처님 법은 오롯하여 모든 중생이 맑고 깨끗한 하나의 근원으로 돌아가게 합니다. 본디 이 자리에서는 미워하는 마음도 좋아하는 마음도 없으니, 부처님께 수기를 받아야겠다는 생각도 성불하겠다는 생각도 일으키지 않습니다.

어떤 곳에도 집착하는 마음이 없어, 마음의 근원이 환하게 밝아 부처님과 중생의 구별이 없는 평등한 경지에 이르면, 그 자리에서 바로 부처님의 수기 없이도 자연히 해탈할 것입니다.

# 결어結言

昨日也恁麼 罪過彌天
작 일 야 임 마  죄 과 미 천

今日也恁麼 虎口 橫身.
금 일 야 임 마  호 구  횡 신


折半裂三卽不問
절 반 열 삼 즉 불 문

格外一句 作麼生.
격 외 일 구  자 마 생


夜明簾外 風月 如畫
야 명 렴 외  풍 월  여 주

枯木岩前 花卉長春.
고 목 암 전  화 훼 장 춘


喝一喝.
할 일 할


272

# 매듭짓는 말

어제도 이러하니
지은 죄가 저 하늘에 가득하고
오늘도 이러하니
굶주린 호랑이의 눈앞이라.

이리저리 찢기는 건 묻지 않거니와
의표를 찌르는 한마디는 어떠한고.

깊은 야밤 주렴 밖에
밝은 달이 대낮 같고
찬 바위에 시린 고목
꽃과 풀이 난무하네.

알겠느냐?

# 찾아보기

## ❤ 원순 스님이 풀어쓴 책들

**능엄경 1, 2**   중생계는 중생의 망상으로 생겨났음을 일깨우며, 번뇌를 벗어나
부처님 마음자리로 들어가는 가르침과 능엄신주를 설한 경전

**규봉스님 금강경**   금강경을 논리적으로 풀어가고 있는, 기존의 시각과 다른
새로운 금강경 해설서

**부대사 금강경**   경에 담긴 뜻을 부대사가 게송으로 풀어낸 책

**야부스님 금강경**   경의 골수를 선시로 풀어 가슴을 뚫는, 문학적 가치가 높은 책

**육조스님 금강경**   금강경 이치를 대중적으로 쉽게 풀어쓴 금강경 기본 해설서

**종경스님 금강경**   아름다운 게송으로 금강경 골수를 드러내는 명쾌한 해설서

**함허스님 금강경**   금강경의 전개를 파악하고 근본 가르침을 또렷이 알 수 있게
설명한 험허 스님의 걸작

**지장경**   지장 보살의 전생 이야기와 그분의 원력이 담긴 경전

**연꽃법화경**   모든 중생이 부처님이라는 혁신적인 내용을 담고 있으면서도
고전문학의 가치를 지닌 경전

**연경별찬**   설잠 김시습이『연꽃법화경』을 찬탄하여 쓴 글

**한글 원각경**   함허득통 스님이 주해한 원각경을 알기 쉽게 풀어쓴 글

**초발심자경문**   이 세상 모든 사람을 위한 마음 닦는 글

**치문 1·2·3권**   생활 속에서 가까이 해야 할 선사들의 주옥같은 가르침

**선가귀감**   경전과 어록에서 선의 요점만 추려 엮은 '선 수행의 길잡이'

**큰 믿음을 일으키는 글**   불교 논서의 백미인『대승기신론 소·별기』번역서

**마음을 바로 봅시다** 上下   종경록 고갱이를 추린 '명추회요' 국내 최초 번역서

**선요**   선의 참뜻을 일반 불자들도 알 수 있도록 풀이한 재미있는 글

**몽산법어**  간화선의 교과서로 불리는 간화선 지침서

**禪 스승의 편지**  선방 수좌들의 필독서, 대혜 스님의 『서장書狀』 바로 그 책

**절요**  '선禪의 종착지로 가는 길'을 알려주는 보조지눌 스님의 저서

**진심직설**  행복한 마음을 명료하게 설명해 주는 참마음 수행 지침서

**선원제전집도서**  선과 교의 전체 내용을 체계적으로 정리한 참 좋은 책

**무문관**  선의 종지로 들어갈 문이 따로 없으니 오직 화두만 참구할 뿐

**정혜결사문**  이 시대에 정혜결사의 뜻을 생각해 보게 하는 보조 스님의 명저

**선문정로**  퇴옹성철 큰스님께서 전하시는 '선의 종착지는 어디인가?'

**육조단경 덕이본**  육조 스님 일대기와 가르침을 극적으로 풀어낸 선종 으뜸 경전

**신심명 · 증도가**  마음을 일깨워 주는 게송으로서 영원한 선 문학의 정수

**한글 법보 염불집**  불교 의식에 쓰이는 어려운 한문 법요집을 그 뜻을 이해하고
염불할 수 있도록 아름다운 우리말로 풀어씀


**신심명 강설**  신심명 게송을 하나하나 알기 쉽게 풀어 선어록의 이해를
돕는 간결한 지침서

**선禪 수행의 길잡이**  선과 교를 하나로 쉽게 이해하는 『선가귀감』을 강설한 책

**돈황법보단경 강설**  육조 스님 가르침을 간결하고 명료하게 담고 있으며
저자의 강설이 실려 있어 깊은 뜻을 쉽게 이해할 수 있는 책


**독송용 경전 _**  **우리말 금강반야바라밀경 및 사경본**
**관세음보살보문품**
**약사유리광 칠불본원공덕경 및 사경본**
**우리말 불설 미륵경 및 사경본**
**보현행원품 사경본**